和谐校园文化建设读本

如何让小学生热爱学习

孙颖 李敏/编著

吉林出版集团股份有限公司

吉林教育出版社

图书在版编目(CIP)数据

如何让小学生热爱学习 / 孙颖，李敏编著.－长春：
吉林教育出版社，2012.6（2023.2重印）
（和谐校园文化建设读本）
ISBN 978－7－5383－9000－1

Ⅰ．①如… Ⅱ．①孙… ②李… Ⅲ．①小学生－学习
方法 Ⅳ.①G622.46

中国版本图书馆 CIP 数据核字（2012）第 116112 号

如何让小学生热爱学习
RUHE RANG XIAOXUESHENG RE'AI XUEXI　　　　　孙 颖 李 敏 编著

策划编辑	刘 军　　潘宏竹			
责任编辑	张 瑜		**装帧设计**	王洪义

出版 吉林出版集团股份有限公司（长春市福祉大路5788号　邮编　130118）
　　　　吉林教育出版社（长春市同志街 1991 号　邮编　130021）
发行 吉林教育出版社
印刷 北京一鑫印务有限责任公司

开本 710 毫米×1000 毫米　1/16　　**印张** 12.5　　**字数** 159 千字
版次 2012 年 6 月第 1 版　　**印次** 2023 年 2 月第 2 次印刷
书号 ISBN 978－7－5383－9000－1
定价 39.80 元

编 委 会

主　　编：王世斌
执行主编：王保华

编委会成员：尹英俊　尹曾花　付晓霞
　　　　　　刘　军　刘桂琴　刘　静
　　　　　　张　瑜　庞　博　姜　磊
　　　　　　潘宏竹
　　　　　　（按姓氏笔画排序）

总 序

千秋基业，教育为本；源浚流畅，本固枝荣。

什么是校园文化？所谓"文化"是人类所创造的精神财富的总和，如文学、艺术、教育、科学等。而"校园文化"是人类所创造的一切精神财富在校园中的集中体现。"和谐校园文化建设"，贵在和谐，重在建设。

建设和谐的校园文化，就是要改变僵化死板的教学模式，要引导学生走出教室，走进自然，了解社会，感悟人生，逐步读懂人生、自然、社会这三本大书。

深化教育改革，加快教育发展，构建和谐校园文化，"路漫漫其修远兮"，奋斗正未有穷期。和谐校园文化建设的研究课题重大，意义重要，内涵丰富，是教育工作的一个永恒主题。和谐校园文化建设的实施方向正确，重点突出，是教育思想的根本转变和教育运行机制的全面更新。

我们出版的这套《和谐校园文化建设读本》，既有理论上的阐释，又有实践中的总结；既有学科领域的有益探索，又有教学管理方面的经验提炼；既有声情并茂的童年感悟；又有惟妙惟肖的机智幽默；既有古代哲人的至理名言，又有现代大师的谆谆教诲；既有自然科学各个领域的有趣知识；又有社会科学各个方面的启迪与感悟。笔触所及，涵盖了家庭教育、学校教育和社会教育的各个侧面以及教育教学工作的各个环节，全书立意深邃，观念新异，内容翔实，切合实际。

我们深信：广大中小学师生经过不平凡的奋斗历程，必将沐浴着时代的春风，吸吮着改革的甘露，认真地总结过去，正确地审视现在，科学地规划未来，以崭新的姿态向和谐校园文化建设的更高目标迈进。

让和谐校园文化之花灿然怒放！

本书编委会

目 录

第一章　厌学，书包里的大问题

当一个学生从小学就开始厌学，这意味着什么呢？我们可以肯定地说，这个学生未来求学的道路上将会充满艰辛。目前，小学生学习科目多、课业任务量大，家长给孩子买书包往往都是挑选较大型号的，孩子肩上的书包越来越重，这些因素产生了一系列的厌学问题。

第一节　学习不是遭罪

有这样一则案例：

亮亮是某小学五年级的一名学生。这学期刚开学两个星期，亮亮的父母就接到老师的电话，说亮亮经常在课堂上睡觉，不能按时完成作业，成绩急速下降。亮亮的父母听后吓了一大跳，但亮亮静静地坐在一旁，说自己一点儿也不想上学了。

"亮亮，你为什么要这样？"父母有些生气地说。"爸爸妈妈，我知道你们在外工作很辛苦，可是书包最重的人是我，作业最多的人是我，每天起得最早、睡得最晚的人，是我是我还是我。每天除了学习就是学习，我越来越感觉学习是一件很遭罪的事。"说着说着，亮亮委屈得眼泪都掉下来了。

其实，在小学教学活动中，小学生把学习当成一件很遭罪的事情，是一种极其普遍的现象。多项调查显示，一半以上的小学生认为学习很累、很痛苦，学习是一种折磨人的负担。

就目前的教育现状来说，小学生在学校的学习基本上已经达到饱和状态，学得头昏脑涨了。但是，有些教师和家长常常教育学生在学习上要有"拼命三郎"的精神，不管孩子时间是否充足、精力是否充沛、主观上是否愿意，都不断督促他们要抓紧时间学习，期望通过"小锅小灶"来给孩子"加强营养""增强体质"。即使是在周末，一些老师和家长也希望小学生能够把自己关在屋子里学习。

这样一来，原本已经有些枯燥的学习就很容易成为一种没有乐趣、没完没了的"苦差事"，以致一些学生对学习越来越不感兴趣，甚至产生厌学情绪。

因此，要想让小学生爱上学习，必须要改变当前不科学的教育观念，让小学生转变"学习就是遭罪"的态度，这是为人师、为人父母者不可推卸的责任。

一、学习时间要合理

在实际生活中，给孩子安排额外的学习时间，是许多学校和家长一贯采用的方法。下面是某小学一名三年级学生的学习时间安排表：

"早6：30起床，7：00学校早读，8：00—12：00上午课，13：30—17：30下午课，18：30—20：30作业时间……"我们可以看出，学生一天起码有12个小时在与课本和书桌打交道。

学校和家长抓孩子的学习，本来是一件值得肯定的事情。但是，如果让孩子这样大搞"持久战"和"车轮战"，结果往往是孩子连吃饭的时间都没有，看起来每天忙忙碌碌，却对学习提不起兴趣，产生厌学情绪，甚至讨厌父母和学校的老师。

小学生正处于生长发育时期，有着与成人不同的生理及心理特征，他们的书写时间、注意力集中的时间都有一定的科学范围，学习时间并不是越长越好。

就小学生的书写时间来说，6—7岁不超过10分钟；8—10岁不超过15分钟；11—12岁不超过17分钟；13—15岁不超过25分钟。就小学生注意力集中的时间来说，6—7岁注意力的持续时间为15分钟；8—10岁为20分钟；11—12岁为25分钟；13—15岁为30分钟。

因此，对于孩子的学习，家长与教师不能只凭主观想象和自己的愿望去要求孩子，动不动就给孩子安排额外的学习时间，让孩子长时间写字或学习。

正确的做法是：教师与家长应该根据以上数字合理地安排孩子的

书写及学习时间，让孩子在自己的能力承受范围之内进行学习。同时，教师和家长还要注意帮助孩子总结经验，归纳好的学习方法，要让他们有玩的时间，这非常有利于孩子改变"学习就是遭罪"的态度。

12岁的刘明是某小学五年级的学生，平时十分热爱学习，常常考全班第一名。说到学习的诀窍，刘明说："和其他父母不一样，爸妈对我的学习没有太多的督促，也不会给我增加额外的学习时间。做完作业后，我便可以自由地和他们聊天、散步。我认为学习不是一件遭罪的事情，而是充满了快乐，我越来越愿意学习了。"

二、睡眠充足很关键

一些小学生写作业、做习题，常常到夜里十一二点，这并不是罕见的现象，甚至可以说是一种非常普遍的现象。殊不知，睡眠严重不足也会影响孩子大脑的发育，导致孩子产生情绪低落、认知滞后等情况。

我们都有这样的感觉，睡眠时间不足时，整个人会昏昏沉沉、四肢无力。而睡眠时间充足的情况下，人会精神振奋、头脑清晰、精力旺盛。

对于小学生而言，由于他们正处在生长发育的高峰时期，睡眠问题就显得更为重要。保证充足的睡眠，对稳定孩子的情绪、解除孩子大脑疲劳和提高他们的学习积极性等都有重要作用。

因此，要想让孩子喜欢上学习，一定要保证孩子充足的睡眠时间。一般来说，高中生每天需要8小时的睡眠时间，初中生每天需要9小时的睡眠时间，而最适合小学生的睡眠时间为10小时。

当然，除了保证整段的睡眠时间外，当孩子学习感觉疲劳时，小睡片刻（以10分钟左右为宜），也可以马上补足精神。有了精神，孩子的学习兴趣也会随之提高。

三、认识学习的乐趣

学习不是遭罪，而是对学生思想和能力的一种培养和锻炼，是一个充满乐趣的过程。只有凭着这一点认识，孩子才容易产生和确立热切希望学习的情感状态。

因此，教师和家长要想让孩子改变学习是一项苦差事的不良感觉，必须要让孩子觉得学习是一件很有意思的事情，认识到学习知识的乐趣。

比如，可以告诉孩子学习语文能够体会到祖国的深远文化，学习科学可以探求大自然的奥秘，社会课上可以尽览世界各国的民俗风情，还可以为祖国的辽阔而感到无比自豪……

想一想，有的孩子说话流利顺畅、声情并茂，而面对写作文的学习任务时，却常常如临大敌，要费尽心机，勉强凑字。其实，结合小学教学实践经验不难看出，这是由于孩子自己阻断了文思，偏要以那种严肃的、备受折磨的心态对待作文。

此时，如果老师和家长让孩子把写作文当作是一件和老朋友愉快交谈的事情，那么，孩子就会把感情释放出来，自由自在、快快乐乐、实实在在地写作文，而不像老牛拉犁一样费时费力。

第二节　摆脱学习烦恼

有这样一则案例：

"唉！我也很想好好学习，可是我一不高兴就会有一种心乱如麻七上八下的感觉，学习时忍不住就会胡思乱想，结果什么都不想学，什么也学不进去，我该怎么办？"

当小强妈妈在孩子的作文中看到这些话时，一阵心酸涌上心头，她自责地说："由于工作比较忙，在教育孩子的问题上，我常常采用放任自流的方法，很少考虑过孩子的心情。有时候我看到孩子坐在书桌前眉头深锁、闷闷不乐时，也很少会主动和他交流。我没有想到，心情不好也会是孩子不爱学习的原因。"

"我天生就比别人笨吗？为什么那些知识我总是记不住？""为什么别人平时玩得比我多，学得比我少，但成绩却比我好？""我知道上课要认真听讲，可是我的精力总是很难集中。""马上就要考试了，我感觉自己会的东西好少，心里一点儿把握都没有，我该怎么办？"……

在学习的过程中，上述类似的烦恼，几乎每个小学生都遇到过，只是他们有的说了出来，有的憋在了心里。在教育学领域，这是一个学习情绪的问题。

在实际生活中，不少父母习惯于关注孩子学习的积极性高不高、学习成绩好不好、学习方法对不对等，而忽略了孩子的学习情绪。即使发现了孩子有学习烦恼时，家长也会说："小孩子嘛，过两天就好了，不用管他。"

殊不知，烦恼的情绪，不仅会导致孩子对学习产生厌烦，而且是破坏孩子学习积极性的源头。久而久之，还会威胁到孩子的心理健康，这对孩子的学习和成长是非常不利的。

因此，小学教师在与家长沟通的过程中要提醒家长，在平时的生活中一定要留意孩子的情绪。一旦发现孩子有烦恼，就要及时地与孩子进行交流，帮助孩子消除烦恼，预防孩子厌学情绪的产生。

一、正视学习中的烦恼

人是有感情的动物，快乐和烦恼是人们对客观事物的认识和看法的内心体验。当人遇到苦难和矛盾时，产生各种各样的烦恼，这是人之常情。在小学教学活动中，教师一定要积极引导家长帮助孩子正视学习中的烦恼。只有孩子正视学习中的烦恼，他才有可能学会理智地控制自己的情绪、合理地进行情绪调节、及时地摆脱烦恼，才能全身心地投入到学习中。

为此，父母要尽量做到与孩子进行平等的交流，鼓励孩子把自己的问题提出来与家长共同讨论。沟通，既能让父母了解孩子的想法，也有利于父母根据孩子遇到的实际问题，对症下药。

同时，家长也可以适当地陪孩子出去旅行，游走于高山峻岭之间、蓝天白云之下，孩子的心胸自然会开阔。孩子的心胸宽广了、心境豁达了，遇到学习上的烦恼时，就可以做到正视烦恼、冷静对待。

二、关注孩子的情绪

生活中，父母取代了教师的教育地位。作为孩子生活中的教师，我们绝不能只关注孩子的成绩而忽视孩子的心事，而应该随时注意孩子的情绪，及时地指导孩子排除心里的烦恼，让孩子学会调节自己的情绪。烦恼解决了，也就不会影响孩子的学习了。

当然，小学教师应积极配合引导，让家长懂得倾听，引导孩子把自己的烦恼说出来。当孩子诉说自己的烦恼时，父母不要不问青红皂白地批评、斥责，也完全没有必要对孩子进行说教，而是要认真地听孩子把话说完。等孩子的心情平静下来，再帮助孩子进行分析也不迟。

有这样一则案例：

一天，12岁的张磊放学回家，一进门就狠狠地把书包往沙发上一摔，嘴里还一直嚷着："我讨厌他，我再也不上他的课了！"

这时，张磊的父亲正坐在沙发上看报纸，看见孩子怒气冲冲的样子，问他："什么事把你气成这样啊？"

张磊坐在父亲身边气呼呼地说："我今天被老师叫到办公室训了一顿。"

"哦，是吗？他是怎么说的？"父亲拍拍张磊的肩膀，微笑着问。

"老师说我上课不专心，不是一个好学生。"

"这样啊。"父亲仍在微笑，点点头，示意张磊继续说下去。

"我讨厌上他的课，他讲课一点儿意思都没有，所以每到他的课我总是不能集中精力，他的课和他的人一样让人讨厌。"张磊把自己内心的怒火一股脑儿地倾泻了出来。

父亲一句话都没有说，只是微笑着看着张磊。

"我真希望学校能给我们换个有意思的老师。"张磊渐渐开始平静下来。

这时候，父亲开口了："孩子，我很同情你的遭遇。不过，我想你还是要想办法适应他，学校不会因为你不喜欢哪个老师，就把他换掉的。如果再这么继续下去，你的学习成绩就会受到影响，这样做太不值得了，是不是？"

张磊若有所思地想了一会儿，说："爸爸，你说得很对。现在我觉得心里舒服多了！"他拿起书包，轻快地跑回房间学习去了。

三、让孩子心向学习

有这样一则案例：

有一位小学生，因为父母离婚而心情郁闷，对学习产生了厌烦的心理。开始的时候只是对学习失去兴趣，后来发展到不按时写作业、不认真听课，甚至还逃学，到学校外面的游戏厅玩游戏。

经学校反映后，爸爸问他为什么要这样做，他一脸无所谓地回答："我每天心里烦透了，坐在课堂里还是想着别的事情，不如干脆去玩。"爸爸听完后，严肃地和孩子说："孩子，其实爸爸妈妈也很难过。不过爸爸妈妈可以继续好好工作，为什么呢？因为我们依然把工作当作一件正事来做，这是责任。你为什么不呢？"

当人的大脑里产生了烦恼等不良情绪时，往往就会对周围的事物感到厌倦。但是，生活中毕竟还有许多需要为之努力的东西，比如工作、学习。

因此，教师和父母一定要让孩子将全部心思都放在学习上，坚持学习才是"正事"。这样烦恼来袭时，他就会主动地提醒自己不要被烦恼困扰，而是要集中注意力，更加努力地学习。

第三节　考试失败不可怕

有这样一则案例：

一年级的小雪拿回一份56分的数学试卷。吃晚饭的时候，她一个人躲在自己房间里哭个不停，说什么也不出来吃饭，也不想和父母说话。

看到试卷，父母虽然有些生气，但想到孩子没有考好，自己已经很难过了，也不敢再提这件事情，就装作什么事情都没有发生。小雪的父母认为，这是最好的处理办法。

然而，一个月后，学校老师向小雪的父母反映，自从上次考试没有考好后，小雪的学习态度变得很消极，上课常常走神儿。课堂上回答问题时，她踌踌躇躇、结结巴巴，有时候居然还红了眼睛。

小雪的父母不明白，孩子考试成绩不好时，我们什么都没有说，孩子怎么还会出现这种不良状况呢？

当孩子遭遇学习上的失败，如学习成绩明显下降、考试成绩差时，很多家长不再延续传统的横眉冷对、多加指责，而是对孩子实行"怀柔"政策，即宽容对待孩子。

然而，老师和家长只要宽容对待失败的孩子就可以了吗？小学教学实践表明，宽容虽然可以在一定程度上缓解孩子难过的心情，但是，对孩子今后的学习并不会产生实质性的帮助。

这是因为，小学生心理承受能力差。遭遇学习上的失败时，他们很容易陷入失败的困扰之中走不出来，从而对学习产生一种厌倦、怯难心理。这时候，他们不仅需要老师和家长的理解和宽容，更需要老师和家长的正确引导。

只有老师和家长正确地进行引导，才能避免孩子对学习产生厌倦心理和"破罐子破摔"的心理；才能让孩子从失败中"站起来"，继续相信自己的能力，勇敢地向下一个学习目标迈进。

一、积极劝导，摆脱失败

小学生由于心理、生理年龄较低，承受能力弱，当学习上遇到挫折时，很容易怀疑自己的能力，产生沮丧的心情，并且很长时间走不出来。在小学教学活动中，只有尽早让孩子脱离沮丧的情绪，才能使孩子摆脱失败的阴影，从错误中吸取教训，重新充满自信。

一般来说，可以使用两种劝导方法，即直接性劝导和间接性劝导。

直接性劝导：用直接的方式劝导孩子，可以起到立竿见影的教育作用，能够使孩子快速地摆脱失败的阴影。

比如，你可以说："孩子，虽然这次你考得不好，但是老师和父母为你感到高兴，因为这次考试暴露了你的缺点，提醒你学习上存在哪些错误，在下次考试中就会避免这些错误。所以，考得不好也是在帮助你。"

或者，你也可以说："这次考得不好，只能说明这一次，不等于下次。没关系，别伤心，不是说失败是成功之母嘛。""你现在确实比人家落后，但千万别泄气，因为后来者可能居上！"……

间接性劝导：失败的遭遇，在每一个人身上都会发生。对孩子进行劝导时，老师和父母可以把自己曾有的失败经历，讲给孩子听，这也是让孩子尽早脱离沮丧情绪、摆脱失败阴影的一种巧妙方法。

有这样一则案例：

一个孩子平时学习不用功，功课欠佳。有一次，他居然考了全班最低分，回到家哭得一塌糊涂。"好啊，这回你知道自己不好好学习的严重后果了吧。怎么罚自己？你说！"妈妈非常气愤地指责道。孩子忐忑不安地站在那儿，扯着衣角，咬着嘴唇不说话。

这时，爸爸走过来说："孩子，我以前也不爱学习，也考过很差的分数。后来，我吸取教训开始好好学习，提醒自己坏毛病不要一犯再犯，学习成绩也就慢慢好起来了。"孩子含着眼泪说："谢谢爸爸，我知道自己该怎么做了。"

二、正视分数，轻装前行

在小学教学活动中，教师通常能够合理地对待学生的分数，但是很多家长只看重孩子得了多少分，不管孩子学习态度如何，也不管考试难度如何。父母没有正确的分数观，会导致孩子不能正确而全面地看待自己的分数。只要考试成绩有所下滑，他就会觉得自己是一个"失败者"。

考试分数固然很重要，但它只是衡量学习成绩的标准之一。孩子具备合理的知识结构、能力结构和科学的学习方法，才是学习的主要目标，才能符合我们教育的初衷。

因此，在小学教学活动中，教师要及时与家长取得联系，针对学生的分数问题交换意见。父母要想避免或减轻孩子学习上的失败感，首先自己要有正确的分数观，摆正考试分数的位置，把掌握知识、发展能力摆在比考试分数更重要的位置上，不要在孩子得高分时过多地奖励而在孩子考得不好时又过分地指责打击。

家长能够正视孩子的分数，孩子自然也就不会把学习成绩看得那么重要。即使学习成绩不好时，他们也能够及时地调整自己，把更多的目光投向学习习惯、学习方法等方面，以一种乐观、积极的心态开始下一阶段的学习。

三、体验成功，消除失败感

有这样一个故事：

一位高尔夫球名将在一次重要比赛中，打到最后一洞的时候，他的成绩比其他参赛者低了好几分，他感到了不安，手都在微微发抖。不过，身经百战、经验丰富的他明白，如果自己的最后一环打不好，和别人的比分将会拉得更大。

为了使自己保持镇定、发挥最大的潜力，这位高尔夫球名将回想起去年自己曾经以高分打败对手、勇夺第一的辉煌成绩，很快信心大增。最后，他沉着地打出了好成绩，这也是他本次比赛中打出的最高分。

可见，用过去的好成绩，肯定自己的能力，是一种自我鼓励的方式。这样可以激发自己的信心，有助于自己发挥应有的潜力。

当孩子在学习上遭遇失败时，老师和家长不妨和孩子多谈谈他曾经取得的好成绩，让孩子回忆一下自己以前取得的成就。

这样的方式，可以让孩子重新体验成功的喜悦，强化当时的心情，让孩子相信自己有很强的能力。这也是帮助孩子消除学习失败感的一个好方法。

一个成功从失败中"站起来"的同学曾说："当我的成绩明显下降时，我感到非常难过。我以为父母会责备我、埋怨我，这种担心几乎让我对学习产生了恐惧感。可是，妈妈并没有生气，而是提醒我一年级时数学成绩、语文成绩都曾经上过 90 分。在妈妈的指导下，我开始冷静地思考：成绩明显下降的原因不是自己的能力问题，以前的成绩不是很好的见证吗？这肯定是因为我自己不够努力。经过认真的分析，我不仅不再怀疑自己的能力了，而且学习积极性比以前还要高。"

与此同时，在小学教学过程中，教师要主动教孩子转移注意力，如果孩子一直把自己的注意力放在学习的失败上，这种失败感就会被无限地放大，很容易导致孩子在学习中自怨自艾、停滞不前。

因此，当孩子遇到学习上的失败时，老师要引导孩子及时转移注意力，将失败感对学习和身心的伤害降到最低。

第四节　学而不厌，告别半途而废

有这样一则案例：

明明是一名小学三年级学生，在学习上有半途而废的不良习惯。比如，课堂听讲时，前20分钟他还比较认真，后20分钟就坚持不下去了；做作业一遇到疑难问题就打退堂鼓，拖拖拉拉不想做；原打算坚持每天早读1小时英语单词，刚开始时有新鲜感，他还能坚持，到后来，就逐渐松懈下来，放弃了；作文前几段文字书写工整，到后面就逐渐变得凌乱潦草，以致成了无人能识的"天书"……渐渐地，明明的学习热情越来越低。

日常生活中，我们常见到有些孩子尤其是独生子女，学习没有恒心，虎头蛇尾，刚开始认认真真，时间稍长就不能坚持，尤其是当学习上遇到困难、遇到难题的时候，他们更是会害怕、会退缩、会半途而废。

古语有云："古之立大事者，不惟有超世之才，亦必有坚忍不拔之志。"很多人能取得成功是与他们的忍耐、坚持密不可分的。如王羲之经年累月苦练书法，在单调枯燥中坚持下来，成就了"天下第一行书"的盛名；钱钟书坚持每天去阅览室，才有"横扫清华图书馆"的豪言壮语，成为学贯中西的大学者。

学习中半途而废是一种严重影响学习积极性的不良习惯，不仅不利于孩子健康、规范、严谨的学习态度的形成，而且容易导致孩子学习难成功、自信心不足，甚至产生严重的自卑感，从而对学习抱有一种不在乎的态度。

一般地讲，学习上半途而废的学生，往往心理比较脆弱，意志力较差，情绪不稳，注意力也不太集中，自立、自理的能力差。

因此，在小学教学活动中，教师对学生的"半途而废"不能掉以轻心、视而不见或迁就放任，要引起足够重视。只有让学生首先成为一个有恒心和有毅力的人，让学生告别"半途而废"，他才有可能在学习上表现得积极主动，并有所建树。

一、有目标，让学习不是难题

远大而明确的学习目标是产生恒心和毅力的根本。如果小学生读书的目的尚不明确，又怎么能有足够的恒心和毅力去承受二十余年的寒窗之苦呢？

因此，当小学生遇到困难、挫折时，教师和家长不能因为小学生撒娇、哭闹，就听之任之，而是要让小学生树立一个远大的目标，让小学生清楚读书的目的。然后，晓之以理，动之以情，耐心地引导小学生迎难而上、战胜困难。

有这样一则案例：

上了一天英语口语辅导班后，丽丽就怎么也不愿再去上课了。原来，老师让丽丽回答问题时，她没有答出来。她拉着妈妈的手说："妈妈，英语口语太难了，我不想再学了。"

"丽丽，你不是说以后要当翻译吗？要是现在因为难就放弃学习英语口语的话，你知道这代表什么吗？代表你以后就很难当翻译了。"妈妈温柔而严肃地说。

丽丽若有所思地看着妈妈："真的是这样吗？可是我还想当翻译。好吧，妈妈您现在送我去上课吧。"

二、名人故事，激励学习

许多成功的人士身上都有这样一些特点：有恒心，有毅力，敢于跟困难作斗争。在日常的学习和生活中，教师和家长可以选取一些励志的人物故事，讲给孩子听。励志小故事能给孩子一种情感上的愉悦、精神上的激励。在这种启发下，孩子有了较强的意志力，有了不甘落后的决心，那么学习就有了强大的动力，学习起来就会坚持不懈、一气呵成。

有这样一则案例：

张楠一遇到学习上的小困难，就打退堂鼓，不是说自己头疼想睡觉，就是说肚子疼做不了作业了……为此，爸爸妈妈很忧心，他们一直在寻找帮助张楠的办法。

一天，放学回到家，张楠又开始和爸爸抱怨了："爸爸，学习真没有意思，又这么累人，我一点儿也不想上学了。"

爸爸笑了笑，递给张楠一本书——《小米勒旅行记》，温和地说："既然你不愿意学习，那咱们一起看书吧。"

没一会儿，张楠就被里面的故事吸引住了，她忽闪着大眼睛问爸爸："爸爸，这本书是谁写的啊，真有意思。"

"是美国作家诺顿·加斯特写的，张海迪翻译的。"爸爸平静地说。

"张海迪是谁啊？我以前没有听说过。"张楠歪着脑袋问。

爸爸翻到书的最后一页："你看！这就是张海迪。小时候，她因患有脊髓血管瘤，高位截瘫，就辍学了。"

张楠有些不解地问："哦，她是一个残疾人，又没有上过学，但她怎么还写书了？"

这时，妈妈走过来说道："虽然张海迪残疾了，但她并没有放弃学习，而是以顽强的毅力，克服种种困难，坚持自学了小学、中学和大学的专业课程，走上了文学创作的道路，写了《轮椅上的梦》，还翻译了《丽贝卡在新学校》等著作。"

"哦，是这样啊。"张楠若有所思地点了点头，"张海迪阿姨是一个坚强、勇敢的人，她真厉害，以后我要多看一看她写的书。"

晚饭后，张楠不等父母催促，就主动地走进了书房，认真地写起了作业。

三、耐心坚持，做到有始有终

在小学生的日常学习和生活中，老师和家长可以和孩子商量一下，给孩子找点比较简单但需要长期坚持的事情，培养孩子的耐力和做事的持久性。比如，天天扫地，坚持晨练，每天写一篇日记等。

有这样一则案例：

11岁的小杰以前是一个做事情半途而废的孩子，但是现在他做事情几乎都可以做到有始有终。他是怎么改变的呢？

原来，小杰一直喜欢花草。为了培养孩子的坚持性，父母就买来花盆和一些花籽儿，教小杰种花草。在培育花草的过程中，小杰观察了植物生长的过程，比如，何时发芽、长叶、开花……不知不觉间，小杰有了耐心，也有了恒心。

培养坚持性本身就是一件需要坚持的事情，孩子的习惯和性格不可能一蹴而就，老师和家长也不能急于求成。在这个过程中，如果孩子依然半途而废，不要发火，要再给孩子机会，让他坚持着去做，磨他的脾气，使他变得更有弹性，更有耐心。

与此同时，面对孩子学习没有耐心的状况，在小学课堂之外，家长也可以让孩子玩一玩拼图游戏。由于拼图是一个非常需要细心和耐心的游戏。这个游戏，不仅可以增强孩子的兴趣，而且还能鼓励孩子做事有耐心，也是帮助孩子克服半途而废的一种好方法。

第二章　学未动，兴趣先行

爱因斯坦说过："兴趣是最好的老师。真正有价值的东西，并非仅仅从责任感产生，而是从对客观事物的爱与热忱产生。"小学生不爱学习，一个重要原因就是学习兴趣不够。在日常的学习和生活中，要想改变小学生不爱学习的现状，老师和家长首先要解决的问题是有效地培养孩子的学习兴趣，从而让孩子爱上学习。

第一节　孩子不爱学，兴趣是关键

一、认识学习兴趣

兴趣可以使人集中注意力，产生愉快、紧张的心理状态，对认识过程产生积极的影响。学习兴趣是指一个人对学习的一种积极的认识倾向与情绪状态。从教育心理学的角度来说，兴趣是一个人倾向于认识、研究获得某种知识的心理特征，是可以推动人们求知的一种内在力量。学生对某一学科有兴趣，就会专心致志地钻研它，从而提高学习能力。从对学习的促进来说，兴趣可以成为学习的原因；从学习产生新的兴趣和提高原有兴趣来看，兴趣又是在学习活动中产生的，可以作为学习的结果。所以，学习兴趣既是学习的原因，又是学习的结果。

与此同时，学习兴趣又称认识兴趣。它是学生热爱学习、渴求获得知识、探究某事物或参与某种活动的积极倾向。它解决的是学生在学习过程中是"苦学"还是"乐学"的问题。学生的学习兴趣是在求知需要的基础上，在学习活动中体验成功的喜悦而逐步形成的。它是推动学生学习的有效动力，是学习动机中最现实、最活跃的心理因素。

学习兴趣是影响学习的重要变量，它是指学生在教师的指导下，渴望接近、尝试、探究和掌握知识，积极参与学习活动并能提高学习效率的心理倾向。学习兴趣是学习动机中最现实、最活跃的成分，是学习活动的最佳动力，有着学习兴趣的学习才是有效的学习。学习兴趣大体上可以分为直接学习兴趣与间接学习兴趣两种。前者是由所学材料或学习活动——学习过程本身直接引起的；后者是由学习活动的结果引起的。间接学习兴趣具有明显的自觉性，当一个人意识到学习的社会意义或与自己的关系时，学习兴趣就随之产生。

二、学习兴趣力量大

学生的学习兴趣是在求知需要的基础上，在学习活动中体验成功的喜悦而逐步形成的。学习兴趣是学习动机中最现实、最活跃的心理因素，是推进学生进行自主学习的原动力。学习兴趣是引起和保持注意的重要因素，无论是无意注意或有意注意都与兴趣有关，若对某种事物不感兴趣，对它也就不能集中注意。因此，在学习兴趣指导下，学生能产生坚持不懈的学习行为。

学习兴趣是学生有选择地、积极愉快地学习的一种心理求知倾向。对于感兴趣的事物，人们总是积极主动地去探究它。如许多对学科学习入迷的学生，总是夜以继日地学习，不离书桌。兴趣、入迷推动他们勤奋并持之以恒地采取行动，直到目的实现为止。孔子曰："知之者不如好之者，好之者不如乐之者。"意思是说，对于学识，懂得它的人赶不上喜欢它的人，喜欢它的人又赶不上醉心于它的人。如果学生对学习产生了兴趣，就会表现出对学习的一种特殊情感，学习起来乐此不疲，正所谓"乐学之下无负担"。

学习兴趣是学习活动最直接、最活跃的推动力，它对智力发展起着促进作用，是开发智力的钥匙。推动学习活动的因素有很多，其中学习兴趣是最直接最活跃的动力。小学学习阶段，学生往往会感到学习枯燥单调，学习气氛不够浓厚、活跃，从而造成学生讨厌学习的后果，但是小学教学中还蕴涵着丰富的可激发兴趣的因素。我们应该充分利用这些因素，使求知成为一种内动力。爱因斯坦说："兴趣是最好的老师。"因为它是学生主动学习、积极思维、勇于探索的强大内驱力。教育家夸美纽斯说过："教学是一种教起来使人感到愉快的艺术。"所以在小学教学中使学生能够被一种愉快和谐的气氛所陶冶、感染、激励，从而激发学生对学习知识的兴趣，培养学生对知识真挚而深厚的情感，这样往往会让学生喜欢上学习知识文化，从而更加努力地去学习。正因为如此，在教学过程中，我们应该想方设法地去激发学生的学习兴趣，优化课堂结构，提高学生学习的积极性、自觉性和主动性。使学生主动地去探索知识、研究规律，学生只有对学习产生浓厚的兴趣，才会专心听讲，积极思考，愉快地去探究学习，从而学到新的知识。因此，成功的教学不应是强制性的，而应该是激发学生的学习兴趣。

三、学习兴趣用处多

学习兴趣是引起和保持注意的重要因素，在学习兴趣指导下，学生能产生坚持不懈的学习行为。学习兴趣是一种求知倾向，对于感兴趣的事物，人们总是积极主动地去探究它。在小学教学活动中，正确运用学习兴趣引导的方法来激发学生的学习热情，可以起到事半功倍的效果。学习兴趣对学生的学习乃至生活有诸多方面的促进作用，主要有以下几点：

1. 学习推动力

学习兴趣对学生的智力发展起着促进作用，是开发智力的钥匙。推动学习活动的因素很多，其中学习兴趣是最直接、最活跃的动力。"最直接"是指兴趣可以直接推动学习活动，而不需要其他中介因素；"最活跃"是指在兴趣状态下，大脑皮层处于优势兴奋状态，人的认识活动特别活跃：感知敏捷、记忆牢固、思维灵活、想象丰富，并不断将认识活动深化，学习效率和质量都比无兴趣时高。所以，在教学实践活动中，两个学习能力相当的学生，成绩往往兴趣高的优于兴趣低的，甚至一些智能中等但兴趣浓厚的学生的成绩会大大高于智能高却无兴趣的学生。

2. 开阔视野、丰富生活的重要动力

学生的学习兴趣虽然是非智力因素，但对人的认识活动和其他实践活动，尤其是学生的学习，起着重要的推动作用。德国教育家赫尔

巴特认为：人有多方面的兴趣。而教育就应当以此为基础，并应把引起和培养人的多方面兴趣当作自己的一项任务。古今中外凡在事业上取得卓越成就的人，无不对自己所从事的事业有强烈的、浓厚的兴趣。

苏霍姆林斯基说："学习兴趣是学习活动的重要动力。"学习兴趣对正在进行的学习活动起着重要的推动作用，它是鼓舞学生从事学习活动的重要力量。学生只有对学习产生浓厚的兴趣，才会自觉地去追求知识，把解决一个个难题看作是一种乐趣，对知识的理解才会更深刻。学生的正当兴趣在他们的学习、生活和健康成长中起着至关重要的作用。与此同时，学生强烈的求知欲和浓厚的学习兴趣，是获取知识、开阔视野、丰富精神生活的巨大动力。

3. 自觉学习，提高学习积极性

从许多小学生家长的教育实践及教育效果来看，棍棒、拳脚和物质刺激都不是引导孩子自觉学习的有效办法。因为棍棒和拳脚只能触及皮肉，给孩子带来皮肉之苦；物质刺激也只能使孩子得到暂时的心理满足，都不能从根本上解决孩子自觉学习的问题。

现代认知心理学家皮亚杰十分重视兴趣在学习中的作用。他在《教育科学与儿童心理学》一书中谈道："强迫工作是违反心理学原则的，而且一切有成效的活动必须以某种兴趣为先决条件。"因此，在小学阶段教育活动中，要根据学生的生理和心理发展的特点，运用恰当的方法，唤起学生自发努力学习的理智情感。与此同时，教育学生要养成自觉学习科学文化知识的习惯，不能把学习看成是一种精神负担，而应把学习看成是一种快乐的精神享受。只有当学生对学习的内容、学习的具体过程和学习的结果感到有兴趣时，才能激发学习兴趣，产生学习的热情。学生通过学习科学文化知识获取学业的成功，从而使内心的一种愉快体验能不断地去维持、进一步推进这种学习活动，始终保持学习的积极性、主动性、自觉性，产生良好的学习效果，进一步巩固学习兴趣。

第二节 学习没兴趣，老师找原因

学习兴趣与爱好是学习动力的源泉。兴趣是人对某种事物的发自内心的关注，关注程度越高，兴趣就越强；兴趣是心理上的需求度、渴望度。只有学生们对学校所教的知识产生了兴趣，他们才会心甘情愿地、全身心地参与到任何一个环节中，去配合老师完成学习任务，而且能够非常轻松地掌握所学知识。那么，又有哪位老师真正了解导致学生学习兴趣缺乏的原因呢？

一、学习兴趣哪去了

不少小学老师和学生家长都会为如何督促孩子用功读书而感到烦恼，总是认为他们学习不积极、欠主动，没有学习兴趣。在小学教学过程中，很多老师可以了解到这样一种现象：一些家长常常怀疑孩子是否天生不爱学习。事实上，孩子的学习兴趣和动力是与生俱来的。相信家长们仍会记起孩子在两三岁时总是喜爱问及新鲜的外界事物，并对世界充满好奇，但为何孩子年纪越大，越会缺少内在的学习动力和浓厚的学习兴趣呢？学校文化及评核制度、课程内容与教学方法等都是重要因素。而结合小学教学实践经验来看，家长的态度与行为模式及管教方法更不容忽视。究其缘由，主要有以下几个方面：

1. 没有目标

学校开设的课程科目很多，多数学生通常知道每个科目都要过关，他们了解过关后可以得到老师和家长的奖励。而有些小学生在学习的过程中却没有任何目标，学习要学到什么程度、考试打多少分、有什么用、为了什么，他们并不清楚。他们失去了学习的目标，从而变得迷茫。

2. 责罚多，奖励少

现在的学校教育，对孩子的学习要求几乎都是求全责备。在课堂之外的生活中，我们常常会发现，孩子在没上学之前，看见别的孩子背着书包上学，很是羡慕，自己也非常渴望上学，他们会整天地磨着大人给他们买书、买笔、买本、买书包。可是一旦他们上了小学，有些孩子便渐渐地不再喜欢上学、读书、写作业。而且随着年纪的增长、知识难度的增大、作业量的增多，他们甚至会越来越讨厌学习了。

3. 偏科严重

学校开设的课程科目众多。这些学科，有自然科学的，有社会科学的；有宏观的，有微观的；有记忆型的，有操作型的；有重形象思维的，有重逻辑思维的……如果让所有学生对所有的学科都产生兴趣，可能性很小。

4. 缺乏吃苦精神，知难而退

现在的孩子大多是独生子女，家庭条件优越，孩子犹如温室里的秧苗，大多经不得风雨，受不得苦累。学习偏偏是个苦差事，即使教师都是教学艺术家，上课的时候，学生们可能会学习兴趣浓厚，可能是听懂了、学会了，可是这并不够，并不能说考试成绩就能够很优秀，它还需要课下的巩固，需要做作业、做练习。

二、兴趣缺乏的表现

通常情况下，小学生缺乏学习兴趣的主要表现有以下几个方面：

1. 逃避学习，上课不专心，课堂上不敢回答问题，做事磨磨蹭蹭，边做边玩，做事易冲动，无目标和理想，求知欲望不强等。

2. 过度焦虑，缺乏自尊心和自信心，喜欢与别人商量，害怕出错。

3. 注意力分散，学习动力缺乏，没有兴趣或者说兴趣不在学习上，易受各种内外因素的干扰，喜欢交友等。

4. 学习靠感觉，想学就学，做事只有3分钟的热度，情绪不稳定，自控能力不强。

5. 缺乏适宜的学习方法，自己不会总结。由于没有学习方法，学习效率就变低了，孩子就会认为自己的智力、记忆力等比别人低。

6. 学习无目标、无计划。

因此，在帮助家长了解了孩子学习兴趣缺失的种种表现后，小学教师应该怎样引导家长一同来帮助孩子提高他们的学习兴趣呢？每个家长都希望自己的孩子既学得轻松愉快，又能取得好成绩，但往往很多时候都不尽如人意。有的孩子一讲到学习就头痛，他们怕读书，怕做作业，更怕写作文。遇到这些情况，不少家长都束手无策、无可奈何，是什么原因造成孩子厌学呢？其实主要就是孩子对学习没有兴趣。学习兴趣是推动孩子学习的一种最实际的动力，它能够促使孩子自觉地去学习。一般来说，孩子的学习兴趣与他们的学习成绩、学习信心是相辅相成的。孩子对某门功课有兴趣，学习成绩就会好，学习信心就会足。因此，对孩子学习兴趣的激发和培养很重要。

三、兴趣激发有方法

1. 尊重学生的兴趣

在小学教学活动中，教师不难发现这样的现象：现在很多家长从孩子一入学开始，就千方百计想让孩子学得好、懂得多，所以家长把孩子的双休日、节假日都安排得满满的。事实上，孩子多学点东西是一件好事，家长这个出发点也是好的。但自己的孩子是否喜欢学呢？通过教师与家长的沟通可以了解到，许多家长并不理会这一点，不顾及孩子的感受，使孩子学得非常辛苦、吃力而不想学。孩子好比不同品种的树苗：有的像松柏苗，有的像杨柳苗，有的像榕树苗……不论是什么树苗，都可以长成各种各样的树木。所以做父母的责任，并不在于强迫孩子学这一样、不学那一样，而是应该多给孩子一些自由宽松的空间，让他们自己去选择感兴趣的、喜欢的事。

例如，有些学生喜欢动手操作，搞一些小制作。而家长认为这与学习无关，盲目地加以阻止，限制他们，不准他们做。其实，孩子在制作的过程中也需要动脑，不懂的时候，他们就去查阅有关的资料和书籍。这就是学习的过程，这样的学习，孩子还会学得自觉、开心，况且在这样的活动中，不仅孩子的思维能力得到发展，他们的动手操作能力也得到了提高。因而家长不但不应该阻止他们做，还要根据孩子的这个兴趣特点，为他们提供有关的书籍，创造机会让孩子参加一些有益的活动和比赛。许多事实证明，小时候培养的兴趣往往为一生的事业奠定了基础。有些学生家长对孩子寄托了很大的希望，但他们往往按照自己的主观意志去"规定"孩子的兴趣，而不是尊重孩子自身学习兴趣的发展规律培养孩子，这样往往会延误孩子的发展。

2. 激发新兴趣

在小学教学活动中，有的学生一听到写作文就头痛。布置他写这个，他说没做过；写那个，他又说没去过、没见过，不知怎样描写。事实上，有很多事小学生真的没有经历过，没有切身的体会，但又不能不写，于是他们只好这本作文书抄抄，那本作文书抄抄，真的找不到可以抄的内容的时候，就马虎写几句来应付，成了真正"作"出来的作文。但像刚才提到的学生，他喜欢动手操作，如果家长又支持他做，并为他提供有关书籍，他看得多了，做得多了，真的要他去写，那么他写作的时候就得心应手了，写出来的文章也自然会比较具体、真实，有血有肉，他会把自己的制作过程、自己获得的成功的喜悦、遇到困难时怎样想办法克服等等都具体地写出来。所以，教师要指导家长让孩子多参加有益的、自己喜欢的活动，并与学习联系起来。总之，老师和家长应该注意把孩子原有的兴趣与知识学习联系起来，将兴趣引导到学习上来，以培养和激发新的兴趣。

3. 寻找厌学原因

小学生心理不成熟，他们不喜欢学习的原因非常复杂。如果我们加以探讨就会发现，实际上并不是孩子不喜欢读书，而是某种因素导致的，如上学被老师批评了、读错了字会遭到同学的讥笑、想看电视却被迫写作业等等。这些原因逐渐在内心堆积起来后，从而使他们渐渐地对学习失去了兴趣。

在日常的学习和生活中，老师和家长首先要和孩子自由沟通，以温和的态度和孩子探讨为什么不喜欢读书。在沟通交流的过程中，孩子什么话都可以说，不管他的理由多么可笑，都不可责骂或取笑。当孩子把不喜欢读书的理由都说出来之后，孩子自己就会发现他不喜欢学习的原因并不是学习本身，而是被批评了、被讥笑了、想看电视或做其他娱乐活动等。在找到了原因之后，教师和家长要通力合作，共同解决孩子不喜欢学习的问题。例如，家长可以和老师谈谈孩子的情况，在孩子喜欢看的电视节目播放时，先让孩子把电视看完再去学习等，这样可以帮助孩子解决学习上的障碍，恢复孩子对学习的兴趣；老师可以及时与家长取得沟通，探讨学生在课外的娱乐活动安排以及作息时间是否合理等问题，适当调整孩子的学习强度，帮助学生释放学习上的压力，从而再次激发学生的学习兴趣。

4. 使书桌变成孩子感兴趣的地方

在小学学习阶段，除了班级课堂之外，孩子学习做功课需要有一个好的环境，一张自己的书桌是必不可少的。小学生除了在课堂上要有老师的监督学习外，父母作为孩子的家庭教师要努力把书桌变成孩子感兴趣的地方，从而促使孩子对经常在书桌上进行的学习活动感兴趣。书桌要整洁，抽屉里要备有做各门功课所需的工具，这样当他需要时，立刻就能找到，不会因为缺少某件工具而中断作业，心生烦躁。书桌美观舒适，孩子一有时间自然就会坐到这里开始他的学习活动。有的家长经常向老师反映孩子在家做作业速度慢，经常做作业做到十一二点，不知如何是好。当老师问及孩子在家怎样做作业的时候，有的讲孩子一边做作业一边看电视，有的讲孩子一边做作业一边玩，有的讲孩子一边做作业一边听大人讲话等等，这些原因都是造成孩子作业速度慢的因素。由于外界干扰大，孩子的精神难以集中，有大人在他身边讲话，他就不能够好好地集中精神做作业，速度就会慢。无论什么原因，家长都必须消除可能影响孩子完成作业的干扰因素，给孩子提供一个比较安静的环境去学习。

5. 适当鼓励

成功是使学生感到满足，并愿意继续学习的一种动力。孩子一旦获得成功，就会感到满足，并愿意继续学下去。因此，教师和家长应该鼓励、引导孩子，让他们体验到成功的喜悦。每个孩子的智力、接受能力都有所不同，应该全面地了解孩子，根据孩子的具体情况为他们去制定一些容易达到的小目标，这样可以使孩子觉得能够做到，就可以有信心、有动力去做，从而能够获得成功。当他体验到成功的乐趣时，就会有兴趣、有信心去实现下一个目标。随着一个个小目标的实现，孩子就随之不断地取得了进步。孩子树立目标、建立学习的方向，是一个循序渐进的过程，不能操之过急。小学教师在教学过程中要耐心引导，具体帮助，使孩子体验到克服困难获得成功的乐趣。比如，低年级的孩子学会拼音和常用汉字后，可让他们给外地的亲戚写封简短的书信，并请求家长联系亲戚予以配合，抽空给孩子回信，让他们尝到学习的实际效用，这样能培养孩子的学习兴趣。

6. 创设问题，增强求知欲

学生是学习的当事人。如果被迫学习，被迫考试，学习处于被动状态，时间久了，对学习生厌是可以理解的。在小学教学活动中，教师指导孩子学习时，可以换一种方法，不是经常让孩子去解答问题，而是采取让孩子创造问题的学习方法。这样，不仅会改变孩子的学习态度，而且会激发孩子的学习兴趣。

与此同时，要试着让学生创造问题，学生会考虑什么地方是要点，老师也可以在指导孩子学习时以此为中心。另外，小学生在学习思考的过程中一般会对自己理解非常充分或自觉得意的地方提出问题，这对老师来说，就很容易掌握孩子在哪些方面比较擅长，在哪些方面还有欠缺。如果坚持这种学习方法，学生就会在平常的学习中准确地抓住学习的要点和问题所在。此外，这还有助于提高学生的表达能力，满足学生的自尊心，学习自然就会取得良好的效果。

第三节　课内课外兴趣浓

一、学习变游戏，兴趣找出来

有这样一则案例：

小阳的妈妈经常挂在嘴边的一句话就是："谁来帮帮我家小阳呀。"这到底是因为什么呢？原来，10 岁的小阳沉迷于游戏，每天从学校一回到家里就开始玩游戏，一点儿也不爱学习。后来，妈妈开始给小阳限定玩游戏的时间。总体说来，小阳还是比较听话的，限定时间一到就会关掉电脑。但是，不可否认的是玩游戏已经转移了孩子对学习的兴趣，影响到了孩子的正常学习，这令小阳妈妈很是担忧。

目前，各种各样的游戏在小学生中非常流行，看似毫无意义的游戏却可以吸引孩子花费两三个小时的时间。很多老师和家长不明白，为什么孩子对游戏会这么着迷呢？其实答案很简单，兴趣是最好的老师，孩子们觉得玩游戏很有趣。

如果游戏能够使人专注的话，那么也能应用于学习。明白了这个道理，在小学教学活动中，我们就很容易找到让孩子爱上学习的"灵丹妙药"，即"学习游戏化"。所谓"学习游戏化"，就是将游戏导入到孩子的学习中，改变学习在孩子心中的印象，让学习变得生动有趣。只要运用得当，可以极大地调动孩子的学习积极性，引导孩子走上爱学习的道路。

在小学教育阶段，父母是教育孩子的中坚力量。小学教师在与学生家长进行家校交流与合作的过程中，要指导家长在孩子的日常生活中将游戏带入学习，激发孩子学习的兴趣，可以引导学生家长采用以下几种方法：

1. 利用卡片"找朋友"

对于小学生而言，记忆一些抽象并枯燥的拼音、汉字和诗词是非常没有乐趣的，而且单纯地背诵拼音、汉字、诗歌，也不会留下深刻持久的印象。

此时，家长不妨把拼音、汉字和诗词写下来，做成汉字卡片，利用"找朋友"的游戏，为孩子创设一种轻松愉快、生动活泼的学习氛围，从而进一步激发孩子的学习兴趣。

比如，孩子记忆"姑苏城外寒山寺，夜半钟声到客船""移舟泊烟渚，日暮客愁新""秦时明月汉时关，万里长征人未还"等诗词时，家长可以把这些诗词的前后两句写在不同的卡片上，让孩子一边唱"找朋友"的儿歌，一边帮诗词卡片"找朋友"，找到"朋友"后把相应的诗词卡片放在一起。

2. 多让孩子猜谜语

对小学生来说，猜谜语是一种很有吸引力的游戏，它不仅能激发孩子的好奇心和求知欲，还能丰富他们的知识，对开发智力有重要意义。

让孩子猜谜语时，家长要注意选择语言浅显、遣词用字口语化、适合孩子理解能力的谜语。

比如，教孩子识汉字"量"时，可以给"量"字编个字谜："元旦到，家里真热闹；日下一横长，里字下边藏。"让孩子猜一猜这是什么字。

如果孩子猜中了，我们就可以让他讲一讲是怎样猜出来的，这样他不仅印象深刻，而且还能体会到学习的乐趣。如果没有猜中，我们可以和孩子一起讨论没有猜中的原因，这样也可以鼓励孩子进行思考，激发孩子学习的兴趣。

3. 和孩子一起玩找错游戏

现在不仅成年人的杂志上，而且儿童的报纸、杂志上也都毫无例外地登载找错游戏。玩找错游戏时，人很容易集中注意力，表现出积极的态度。

在我们的日常生活中，不少平时不读书、不看报的孩子对找错游戏也很感兴趣，而且他们经常比大人更快速地找出错误。家长一定不能错过这个让孩子充满好奇的机会，把孩子的好奇心引导到学习上来。

比如，和孩子们一起做习题集的时候，我们可以故意把答案说错或做错几个地方，让孩子尝试着找一找错误。当发现这些错误的时候，孩子们一定很是兴奋，从而进一步激发学习兴趣。

二、数学游戏激发学习兴趣

好动是低年级学生的天性，游戏恰恰符合学生的这一特点。因此，在小学阶段的数学教学过程中，结合教材内容，恰当引用游戏的方式，让学生在游戏中探索和应用知识，使学生在数学游戏中，学会求知，学会做人，学会合作，学会交流。同时，学生在游戏中品尝获得成功的乐趣，产生浓厚的学习兴趣。这样既可以调动学生学习数学的积极性，启发学生的创造力，为他们学数学、爱数学创造了条件，又能够使他们感受到数学的趣味性。

比如，学习观察物体时，教师可以先让学生做玩积木的游戏，一个学生说口令，一个学生摆积木，通过多次的游戏，让学生很快学会在不同的方位观察物体的表面是不相同的。

在孩子的学习中，通过做有趣的数学游戏，让他们在玩数学游戏中学习，能把学生容易分散的注意力吸引过来，收到较好的效果。

比如，进行口算练习时，常用的有视算、听算、对口令、开火车等游戏方法，再增加"打手势"、"悄悄算"、小组竞赛、"森林医生"、"口算大王"、"优秀邮递员"等，课堂气氛会更加热烈。

三、卡通人物好学伴

在孩子的小学学习阶段，由于心理年龄较低，家长常常发现日常生活中，孩子一看卡通，就如痴如醉；一说起卡通，就眉飞色舞；一走到街上，就要求买卡通玩具。卡通，已成为小学生课堂外不可缺少的伙伴。因此，小学教师要针对小学生这一年龄阶段的特点，引导家长及时正确地教育学生，让卡通人物充当孩子学习上的"好伙伴"。这样，孩子不仅不会沉迷于卡通人物，而且对激发他的学习兴趣、强化他的学习积极性的作用也十分显著。

1. 和孩子一同喜欢卡通人物

如果家长什么都不懂，不了解卡通人物的特点和优点，只是一味斥责或是一概制止的话，就会引起孩子的反感，让孩子产生逆反心理，从而原本通过卡通人物来提高孩子学习积极性的计划也就无法实施。

因此，父母应该和孩子一同喜欢卡通人物，真正了解孩子为什么会喜欢它们。此时，我们就可以从孩子的角度来考虑，对卡通人物做出正确、全面的评价，让孩子心悦诚服，主动适当地投入精力。

挑选孩子学习上的"好伙伴"时，要多利用孩子最喜欢的卡通人物，因为孩子越喜欢哪个卡通人物，哪个人物对孩子的激励作用就越大，孩子就越容易爱上学习，最终让我们的教育事半功倍。

2. 鼓励孩子多喜欢几个卡通人物

家长不妨多给孩子讲一些优秀卡通人物的故事，多给孩子介绍一些优秀的动画、电影作品，鼓励孩子多发现、多喜欢几个卡通人物，从而让孩子多几个"学伴"。

也许，有些家长会问，这样岂不是让孩子花费更多的时间，投入更多的精力吗？其实不然，如果孩子喜欢的卡通人物多了，反而能够使孩子摆脱狭隘的小天地，主动地去接触这个处处都能引起他们好奇心的世界。同时，他的兴趣爱好也就多了。这样，既有利于孩子开阔视野，也可以更好地激发学习的兴趣。

四、从课外找学习兴趣

小学阶段，是孩子充分学习各种知识、广泛培养兴趣爱好的最佳时期，课内课外的界限没有必要划分得太过鲜明，因为课内课外的知识是相辅相成的，课外知识的趣味性也能够帮助小学生更好地学习课内知识，激发学习兴趣。

例如，通过阅读一些趣味数学的课外书，小学生会发现，原来那些枯燥的数学竟然还有这么多的乐趣；读一点浅显易懂的英语童话，不仅可以帮助孩子记忆在课堂上学到的单词、句子，还可以学到很多老师课内没有讲到的用法。如果孩子把读到的东西讲给同学听，他们一定会对自己刮目相看，这样孩子就会越来越喜欢英语了。此外，电视里的少儿节目、网络上的少儿栏目也有一些适宜孩子学习、了解的知识，并且是图文并茂，还配以悦耳的讲解，这些比起课本来往往更能够引起小学生的兴趣，使小学生轻轻松松地就学到了很多的知识，也能够使小学生对相关的课程产生兴趣。

另外，教师还可以引导学生将自己在课堂上学到的知识应用于日常生活中，这样也可以提高学习的兴趣。

例如，在数学课上学会了做计算题，就可以在跟父母买东西时顺便露一手；学了英文，碰见外国朋友可以壮着胆子上前去交谈几句等等。当孩子发现自己所学的东西真的很有用时，自然就会对学习充满兴趣。

第四节　活化课堂，培养学习兴趣

教育家克莱·P. 贝德福特说："你一天可以为学生上一节课，但是如果你用激发好奇心教他们学习，他们终生都会不断地学习。"宽松活泼的课堂环境，不仅能培养学生的学习兴趣，而且有助于培养学生的创造性思维能力。著名教育学家苏霍姆林斯基说过："让学生体验到一种亲自参与掌握知识的情感，乃是唤起学生特有的对知识的兴趣的重要条件。"一个人不仅在认识世界，而且在认识自我的时候，能形成兴趣，但如果没有这种自我体验，他就不可能对知识产生兴趣。学习兴趣与学习气氛、学习内容是紧密联系的，创造愉快的学习气氛主要取决于教师。

一、结合竞赛，利用好奇心

竞赛是一种动力，小学生好奇心和好胜心强，求胜心切。课堂上开展游戏和竞赛，学生进行分组合作学习，能极大地满足学生们的显示欲；由于个人之间，尤其是男女间、小组之间，谁都想逞强，显示自己的力量，把学生置于游戏活动中，能够取长补短，充分发挥学生们的团队力量。这样，在开动脑筋互助合作的过程中，枯燥的内容便能够有趣地掌握，这种形式，小学生是极感兴趣的。在低年级的识字教学中，让学生做"找朋友"的游戏，他们会在轻松愉快的氛围中找到声母、韵母和所要认识的生字。

与此同时，儿童的好奇心是很可贵的。好奇心会引起人的兴趣，课堂中的"奇"能激发学生的学习兴趣，"奇"是学习内部动机的源泉。著名教育学家苏霍姆林斯基曾经说过："思维是从吃惊开始的。"小学生对什么都好奇，心理学上称这种心理特征为"潜兴趣"。教学时，充分利用"潜兴趣"，就能够有效地激发学生的学习兴趣。

教师在上课时用奇特、巧妙的问题或事物引入新课，可以调动学生学习的积极性，并能充分利用学生的无意注意，使之产生强烈的求知欲。

二、新颖教学，合理安排内容

新的事物，学生往往会对其更加有兴趣。变换教学方法，使学生从中得到快乐，他们的学习兴趣就会成倍增长。老师要教给学生一些常规性的学习方法，帮学生制订一些学习的规矩、制度、计划，从而使一些学习无自主性的学生有法可依、有章可循、有规矩可遵守。在某一教学内容方面让学生猜得透，但在具体一堂课的安排、具体教法的运用上，在一些小的技术、技巧问题上，又应该让学生猜不透。越猜得半透不透的，学生越愿猜，越猜学习兴趣越浓，与老师感情越近，对老师所讲的内容理解得越深。用新奇的教学方法，学生倍觉新颖，激发了学习兴趣，同时也拉近了师生心与心的距离。

与此同时，合理安排教学内容十分重要。教育心理学的研究表明，当学生对所学的内容感到新颖而又无知时，最能诱发他们的好奇内驱力，激发他们求知、探索、操作等学习意愿。在教学过程中，教学内容过深，学生望而却步，会减弱学习兴趣；教学内容过浅，学生唾手可得，也会丧失学习兴趣。因此，教师在安排教学内容时，注意深浅得当，同时，还应当善于在学生已有知识经验的基础上，讲授一些新知识，并把新知识纳入到学生已有的知识体系之中。

此外，抓住小学生喜欢听故事的心理特点，在教学过程中穿插相关的故事，同样能把学生吸引到课堂中来，并会使学生在不知不觉中获得知识。

例如，教授《月光曲》时，课前用简短的几分钟介绍贝多芬的生活小故事，让学生对贝多芬有初步的了解，从而对课文内容产生兴趣，怀着"我要学"的态度去理解课文内容。

三、巧设疑问，巧激发

用不同方式引起的兴趣价值都不如用疑问引起的兴趣价值，因为这样的兴趣是从学科内部各种元素的关系中派生出来的，可以吸引学生寻根究底。正如，一个人只要体验一次成功的快乐和胜利的欣慰，便会激起追求成功的意念和力量。获得一次成功，能使学生产生喜出望外的激奋心理，形成一种最佳心理状态。兴趣是以需要为基础的，虽然不是所有的需要都能够产生兴趣，但是符合需要的事物，都可能引起学生的兴趣。有疑难，解决疑难是学生学习的需要；提出疑难，让学生思考，更是教学的关键环节。在教学中可巧设悬念，在教材内容和学生求知心理之间制造出一种"不协调"，让学生对学习内容不太理解或不完全理解，由此所产生的疑惑、惊讶等心理状态，都能引起求知欲和学习兴趣，激起学生主动学习的愿望。

四、勤动手，勤实践

小学生由于智力尚未完全开发出来，认识的深度还不够，只有充分实践才能达到预期的认识程度，只有充分理解和认识所学内容，才能激起小学生的学习热情。学习兴趣是推动学生学习的最积极、最活跃的因素之一。各种活动又是间接获取知识的源泉，兴趣来源于实践，兴趣来源于现实。只有建立广博合理的知识结构，兴趣才能更浓。因此，除了课堂教学外，教师还可以组织学生进行参观、游览、访问、办墙报等活动，教育学生看有益的电视节目，坚持每天写日记等，从而使学生在这些活动中开阔视野，获取知识。

与此同时，学生不但进行了动手操作，还增长了兴趣与知识，一举两得。邓小平曾说过："实践是检验真理的唯一标准。"在教学活动中，教师要充分提供给学生亲自动手操作的机会，同时能够在学生亲手操作中发现各种不同的问题，从而达到解决实际问题的目的，这种方式也是教学的新理念之一。在教学中，我们时常会发现学生爱搞小动作，可见学生的好动心强，也符合小学生的年龄特点，是正常的现象，如果我们合理地运用小学生这一心理特点，把它应用到教学活动中，就会达到一举两得的效果，既能满足他们好动的要求，又能让他们在愉悦中获取知识。

第五节　有兴趣，学习更轻松

一、学习兴趣，自己引发

在小学学习阶段，我们总会发现这样两类学生：一类是不会学习的孩子，总是说学习很痛苦，一点儿也不好玩；另一类则是善于学习的孩子，总说学习很轻松，也很快乐，很有意思。同样是学习，善于学习的学生能够发现学习的乐趣，学习兴趣浓厚，从而学得很轻松。

很多同学一拿起书就会产生不愉快的情绪，甚至厌烦、恐惧，这不仅影响了智慧的发挥，导致学习效率低下，甚至还会对身心产生不良的影响。之所以会出现这样的情况，其主要原因就是对学习缺乏兴趣。

在小学教学过程中，教师要让学生认识到学习是每个学生的职责，只有调整好自己对待学习的态度，从兴趣引发入手，才能够更加快乐、轻松地学习。

戴尔·卡耐基有句名言："假如你假装对工作感兴趣，那么这种态度会使兴趣变成真的，并且消除疲劳。"这种经验也可以应用在学习兴趣的引发和培养上。在与学生沟通交流的过程中，教师要积极引导学生从自身的兴趣激发着手，引发自己对各学科的学习兴趣。如果自己对某一门课或对学习不感兴趣，就可以试着让自己假装对它感兴趣，坚持一段时间之后，必定会产生令自己意想不到的效果。

例如，在开始学习自己不喜欢的课程前，可以让自己面带微笑，从心底里愉悦起来，保持一种快乐感，然后对着课本大声说："数学，我非常喜欢你！""可爱的语文，我对你充满了兴趣。"或者"英语，你真有趣，我一定能学好你！"每天坚持这样做，一段时间之后，对于原先不喜欢的科目的排斥感就会渐渐地消除。天长日久，"假兴趣"就会变成了"真兴趣"，进而转化为深入学习的动力，这个时候我们就会惊喜地发现，原来学习并不痛苦，从而爱上学习。

二、信心培养，增强兴趣

从小学教学经验来看，有不少学生由于对学好某一门课缺乏自信，于是产生了畏惧、厌学的心理，从而严重缺乏学习的兴趣和热情。因此，要想增强对于学习的兴趣，自信是必不可少的。在教学过程中，教师要合理引导学生从信心培养做起，不断增强自己的学习兴趣。

首先，可以为自己设立很多个小目标。每学会一点知识就告诉自己："我今天又背会了一段英文对话"或者"我今天学会了方程式的解法"等。让自己明白，每天多做一点，就离自己的目标又近了一步，在这种成就感和自信心的驱使下，学习的兴趣自然会大大增强。

同时，在学习自己不感兴趣的课程之前，可以先对这门课程特别进行一番预习。预习时尽量多查阅一些相关的资料，把课程的内容掌握得比老师所讲的内容还要详尽。那么，学生在听课的时候自然就不觉得困难了，甚至还会由于自己比别的同学学得"快"而产生一种自信心和优越感，在无形中也就增强了学习兴趣。

三、困难科目简单学

每个同学都有自己不喜欢，甚至讨厌的科目，在做这些科目的作业时，自然也是不情愿、不愉快的。但作业终归还是要做，于是只好逼着自己去做不喜欢做的事。这样由于没有兴趣，缺乏激情，不仅效率不高，而且还会觉得非常痛苦，久而久之，对那些不喜欢的科目更是深恶痛绝，以致当自己看到这门课的课本时就不自觉地感到头疼和困乏，从而失去学习兴趣。

其实，在小学阶段的学习过程中，教师可以引导学生在碰到自己不感兴趣的科目时，从简单的题目和容易的知识学起。在学生的眼中，那些自己不感兴趣的科目总是很难学习，如同玩游戏对于小学生来说非常容易，但对于教师而言就会非常困难一般；究其原因很简单，因为学生对电子游戏非常感兴趣，而老师们对这些并不感兴趣，让他们玩起来当然就感到非常的困难了。但如果让老师从最简单的游戏玩起，他们也肯定会很快学会，并且很快就会对此产生兴趣。

由此可见，如果学生能够在学习过程中先把那些简单的知识攻克，就会满怀信心地觉得原来也不是想象的那么难，从而不再反感这门课程的学习了。在此基础上，进一步向困难的部分进军，学生的学习态度和信心就会逐渐发生转变，对从前讨厌的科目也会渐渐地喜欢起来。

第三章　学习目标有动力

学习没有目标，犹如航海时没有灯塔，很容易迷失了方向，失去学习的动力，丧失学习的热情。因此，在学生的学习和生活中，要让孩子认清学习的目标。明确的学习目标是通向成功的动力之源，只有这样，才能够增强学生参与学习的自觉性和积极性，从而更加高效地完成学习任务。

第一节　目标树立，前行有动力

一、理想目标催奋进

有这样一则案例：

于军常常抱怨学习没有劲儿，没有动力，所以他在学习上的表现很消极，但他扬言长大后要做一名飞行员。

看到这种状况，爸爸没有批评于军，而是带他来到一个朋友所在的航空培训学校。在这里，爸爸请真正的飞行员向于军介绍了要想当飞行员需要达到什么样的水平、飞行员是怎样培训的、飞行员要具备的素质等。

听了飞行员的介绍，于军明白了，自己想当飞行员，原来还存在这么大的距离。后来，于军把目标定位在目前的学习上，他说："学习时，一想到自己的理想，我就感觉有使不完的劲儿。"

每一个人都是需要理想的，理想可以让一个人在大千世界中找到努力的目标，在迷惘中找到正确的方向；理想可以激励人奋发求进，可以给人战胜困难的勇气……

在孩子的小学阶段，对孩子进行前途理想教育是非常必要的。翻开教辅书、家教书，几乎所有的专家都会告诉你如何把握时机对孩子进行有效的理想教育。

这是因为，如果一个孩子从小就有自己的理想，知道自己将来要干什么，那么他就会懂得知识的重要性，知道自己应该学习什么知识，或者要接受何种专业教育。毋庸置疑，这样的孩子在学习时会更有动力，能更好地约束自己的行为。

当然，在此过程中，离不开老师和家长的正确引导。比如，你要帮助孩子分析理想与今天的关系，找出理想与现实之间的差距，让孩子清楚地意识到学习是通向理想的必经之路。

由于小学生年龄尚幼，他们的理想五花八门，不够成熟。身为教师和父母，要用科学的态度对待孩子的理想，教育孩子树立正确的理想，进而让孩子在理想的指引下，迸发出惊人的学习动力。

二、孩子理想需引导

从小学教学经验来看，每个家长都希望自己的孩子拥有远大的理想。但是由于受到媒体、社会的影响，有时候被问及理想目标时，孩子们的回答是：当富翁、黑老大、大官、明星等。

当听到孩子的这些理想时，有些家长会皱着眉头纠正孩子："你的理想太平庸了，你应该当个伟大的科学家或光荣的人民教师"；有的家长说不定会笑意盈盈地说："当大官好，大官有权有势，孩子你真有出息"……

从小学教师的教学经验并结合学生的心理特点来分析，这些做法都是错误的，小学生正处在对外部事物不甚了解和粗浅认识的阶段，树立的理想自然会有些偏见。此时，家长要及时做出反应，对孩子进行正确的引导，帮孩子树立更高远、更有意义的理想。

比如，当孩子羡慕明星的光彩时，如果你对孩子稍加引导："明星是大家的榜样，在很多方面都要比其他人出色，大家才会喜欢他，对不对？"这样一来，就把孩子从羡慕明星的外表转移到学习明星的精神、能力上去。

又如，可以给孩子买一些科普方面的书籍，把一些科学人物或者科学发现的故事讲给孩子听，孩子看了、听了就会嚷嚷着长大要做科学家……

三、竞争目标促学习

有这样一则案例：

丽丽背诵课文慢、写字慢、解题算题慢……在学习上，做什么事情都比别人慢一拍，一点儿也不积极。每次，妈妈总是说："丽丽，你动作要快一点儿，积极一点儿呀。"可是，丽丽依然我行我素。

后来，妈妈把邻居家同年级的珠珠叫到家里来，让两个孩子每天放学后一起学习。比如，看到丽丽和珠珠背英语单词时，妈妈就说："现在，你们两个开始比赛，看谁先默写出这10个单词。"两个小女孩，你看看我，我看看你，开始连读带写，暗暗使劲儿。一会儿工夫，妈妈检查时发现，两人不仅学习积极性很高，而且速度快，效果也很好！

如此几次后，妈妈发现丽丽在学习上再也不像以前那样慢悠悠了，还常常提出要和班里的一些同学"一比高下"。

还有这样一个故事：

一家环境幽静、水草丰美的森林公园曾养殖了几百只梅花鹿，并给梅花鹿提供了完全安全的生存环境。可是，几年后公园管理人员发现：鹿群不但没有发展壮大，还病的病、死的死，竟然出现了负增长。经过考证，才明白原来是因为梅花鹿没有公敌。

相信很多老师和家长都听说过这个小故事，并在故事中受到发人深思的启示。即一种动物如果没有了竞争对手，就会变得没有生机、死气沉沉。

在学习上也是一样，现在很多孩子生活富足、条件优越，却常常在学习上表现得没有动力、没有热情。其中，缺乏竞争的概念和意识是原因之一。

当今社会，我们的孩子从小就要进入种种竞争轨道——争取进重点幼儿园、重点小学、重点中学乃至重点大学，竞争已经成为每个孩子在学习中必须要面对的现实。如果孩子从小就缺乏竞争概念和意识，是很难在优胜劣汰中站住脚的。

因此，老师和家长必须要教育孩子学会面对现实，培养孩子的竞争意识，鼓励孩子积极主动地参与竞争。有竞争，才会使孩子认识到只有具备知识和能力才能领先，从而激发孩子强烈的求知欲。

在小学教学实践过程中，教师要在与学生家长进行沟通时，让家长了解到，父母应该为孩子培养一个学习上的竞争对手，时常让孩子感受来自对手的压力，促使孩子不断进取，从而培养其强烈的上进心。

四、培养动力，正视学习

有这样一则案例：

正读小学的李磊是一个很不爱学习的孩子。在他看来，那些难于理解的计算公式以及众多的汉字、成语……不仅枯燥无比，还没有丝毫用处，因此他学习从不主动。

在家里，妈妈总是要反复督促他学习。有一次妈妈让他做作业，他还发脾气说："你们为什么逼着我学呀，学习好的孩子能有什么用啊，不就是有个好名声，家长带出去有面子嘛！"

在小学学习阶段，我们为什么学？我们学习什么？相信很多学生对此一知半解，甚至有人认为学习只是为了应付父母、应付考试而已，"学习无用论"已经成为削减小学生学习动力的重要因素。

这是因为，学生是坦白的，有用的东西他们会接受，而他们认为没有用的东西就会拒绝。

那么，为什么这么多学生认为学习是没有用处的呢？可以说，很大程度上是因为老师、家长一味地强调学习的重要性，而忽视了知识与能力的运用，忽视了知识与现实生活的关系。我们想象一下，这样没有目标的学习，我们再怎么说有意义，学生也不会买账的。

有一句话说得好："读书是学习，使用也是学习，而且是更重要的学习。"真正的学习是一个学习和实践的过程。在这个过程中，实践对学习的深化更具决定意义。

因此，老师和家长要想让孩子主动地投入到学习中，就要让孩子了解学习是有用的，让孩子知道自己学习是为了运用于实践，进而激发孩子的学习动力。

在小学教学实践过程中，教师可以指导家长利用生活中的实例引导孩子，把学习内容和生活相结合，在孩子的心目中确立一种"应用意识"，这样就可以让孩子意识到所学的内容是可用的，是自己所需要的，学起来就会有兴趣，也会更加有动力。

例如，学习英语时，可以让孩子上网冲冲浪，看一看感兴趣的新闻、图片；或者，可以让他用英语和外国的小朋友聊天交流，给他们发电子邮件等。

又如，学计算机时，可以让孩子利用"画笔"设计贺年卡片，送给他人；可以让他利用"Word"写通知、制课程表、写信；可以利用"Powerpoint"制作班级通讯录、家庭聚会照片等。

第二节　目标激励，老师给家长支支招

一、学习目标作用大

有这样一则案例：

10岁的王强是小学四年级的一个学生，他头脑很聪明，但是对学习没多少兴趣。每天放学回家后，他放下书包就开始在客厅、厨房里溜达。

一天，妈妈很奇怪地问王强："你在这里溜达什么啊？你还有作业没写完吧？"他点点头，老实地回到书房里写作业。一会儿，妈妈经过书房时，只见王强跷着二郎腿，嘴里叼着笔，眼睛傻傻地盯着窗户。桌上的作业本和课本摊了一大片，一片狼藉。

看到这种情况，妈妈感到很生气，但还是忍住了，问道："王强，你为什么这么不喜欢学习呢？"

王强低头不语。过了一会儿，他才抬起头来对妈妈说："反正都是老师布置的那些东西嘛，老做这些真没有意思！"

妈妈轻轻地叹了一口气，抚摸着他的头，说道："老师布置的任务只是基本知识，难道你没有自己的学习目标吗？你没有想过要获得更多的知识吗？"

王强看着妈妈，轻轻地摇了摇头。

在小学教学活动中，教师在与学生家长沟通时，不少家长遇到过这样的困惑：我家孩子跟其他孩子在同一个班级上同样的课，为什么别人都学得津津有味，我家孩子却毫无生机，畏缩不前……

这到底是什么原因呢？简单地分析一下：这是因为学习目标在其中起着重要作用。所谓"学习目标"，顾名思义就是指孩子在学习活动中想要在一定时间范围内取得的成果。

学习目标和孩子的学习有什么关系呢？一些研究表明：完成同样的学习任务，学习目标明确的学习者比没有学习目标者动力足，热情高，还可以节省60％的时间。

学习目标对学习的重要性，还有一个非常形象的比喻："没有目标的学习就像是饭后散步，而有明确目标的学习就像是运动会上赛跑。"

可见，学习目标可以给孩子指明学习的方向，激发孩子的学习欲望和学习潜能，让孩子能够全身心地投入到学习活动之中；学习目标还是孩子主动、积极地克服困难的内在动力。

因此，小学教师应适当指导学生家长在孩子的学习过程中帮助孩子尽早明确自己的学习目标。

二、目标设定要具体

在设定目标时，有的学生经常会使用"今年我要……""这学期我想……"等，这样笼统的目标并不能使孩子产生足够的学习动力。因为学习目标的设定不是多多益善，而是要具体、明确。

曾有人做了这样一个实验：让两组实力相同的学生练习跳远，教练对一组学生说："好好练习，你们可以跳得很远。"而对另一组学生，教练要求他们跳到1.90米，2.10米……结果，第二组学生的成绩远远优于第一组。

可见，具体明确的目标，一方面会给学生带来动力，让学生时时处在一种亢奋激进的状态，另一方面可以让学生"小积而大成"，由简入繁，由易到难，各个击破。

因此，在设定学习目标时，不应该用"今后要努力学习，争取更大进步"之类的话，而是应该明确目标为：数学、语文课都要认真做好预习。英语成绩要在班级达到中上水平。那么，怎样才能达到"英语中上水平"这一目标呢？可以具体为：每天做10道听力练习题，5道阅读题，每天学习的英语单词和句型要准确无误地记住等。

三、目标高低巧设置

有这样一则案例：

11岁的李明，不爱学习，尤其是英语很差。五年级新学期开始的那天，爸爸问他："李明，新学期开始了，我希望你制订一个学习目标，你有什么打算?"

李明若有所思地说："我要在一个月的时间内记住600个英语单词，在月小结考试中前进5个名次。"爸爸只是笑了笑，没有说话。

这个目标确立不到两天，李明就开始抱怨："我每天的功课太多了，我感觉好累，我不想学习英语了。"

爸爸语重心长地说："这个学习目标对你来说太高了，其实你每天只需要半个小时的时间，记住10个单词就行了。"李明听了爸爸的建议，每天背10个单词，学得既轻松又有效，英语成绩逐渐有了提高。

一个月后，爸爸对李明说："现在你可以试着每天记15个英语单词了。只要你这样坚持下去，一定可以做到一个月记600个单词。"

想到自己前一段时间的进步，李明认真地点了点头。此后，他在学习上表现越来越积极了，英语考试时他还前进了3名。

在小学教学活动中，针对学年、学期初学生的学习兴趣浓厚的特点，老师和家长就要根据孩子的实际情况，实事求是地分析孩子的学习现状，从孩子实际掌握的知识出发，帮助孩子明确学习目标，进而发挥目标对学习的推动作用。

在明确学习目标时，要注意目标一定要适当，不能太高也不能过低。如果目标低于孩子的能力，不能满足孩子的成就感，也就不足以激发他的学习积极性。如果学习目标高出孩子的能力范围太多，孩子又会因达不到目标而丧失学习的动力。

正确的方法是要保持一定的距离，要让孩子经

过一番努力可以实现目标。如果孩子目前在班级是中下游水平，那么学习目标就应该是进步；如果是上游水平，那么学习目标就应该是稳步。经过一段时间的学习，孩子适应后，再适当增加学习量，酌情提高难度。

四、目标调整需及时

任何一个人在制订目标后，都不能保证它是完全正确的，或是切实可行的，因此要随着实际情况的变化而适当地调整，对于学习来说更是这样。

当然，我们这里所讲的"调整"不是"朝令夕改"，而是学习目标的计划执行一个阶段后，就应当进行及时反馈，检查一下效果如何。如果效果不好，就要分析原因，进行必要的调整和修订。

只有这样，才可以保证学习目标真正地激发孩子的学习欲望和学习潜能，让孩子能够全心地投入到学习活动之中。

有这样一则案例：

在学习目标的执行过程中，刘莉妈妈就曾犯过一个错误。三年级的时候，为了激发刘莉的学习积极性，妈妈帮助刘莉制订了这样一个学习目标：在两个月内把数学成绩提高 20 分。

经过一段时间的努力，一次数学考试中刘莉达到了预期的目标，但是在下一次考试中成绩又突然下降了 20 分，而后刘莉的成绩再也没有达到计划的标准。

后来，妈妈分析认为，刘莉的数学功底不扎实，所以成绩才会忽高忽低。在这种情况下，只有让孩子稳扎稳打地练好基本功，才能充分发挥孩子的学习积极性。

于是，她们将目标修改为：1 个月内熟悉数学基本公式、概念、典型例题等，并熟练掌握。调整目标后，妈妈发现刘莉不仅会主动、积极地学习，而且效果也很明显。

需要注意的是，在执行学习目标的过程中，父母也要让孩子知道，任何目标的达成都需要一个反复摸索、不断改善的过程，不会立竿见影，也不可能不费力气就坐享其成，要重视实现目标的过程，对可能遇到的困难要有充分准备。

五、目标实现常鼓励

在小学教学活动中，教师需引导家长一定要注意确定学习目标不是为了给孩子增加压力、增加负担，而是为了促使孩子产生学习动力。因此，在孩子实现学习目标的过程中，家长一定要及时给予鼓励。

比如，父母可以对孩子平时的表现及时记录并打分，让孩子感受到父母的肯定，并见证自己实现学习目标的过程；当孩子能够完成一定的学习目标时，父母可以让孩子去玩一次自己想玩的东西，送给孩子一个他一直心仪的小礼物等。

来自家长的鼓励，不仅可以使孩子充分感受到制订学习目标的乐趣，而且可以促使孩子产生更强、更大的学习动力。

第三节　目标冲刺，与时间赛跑

一、时间目标推动学习

有这样一则案例：

与其他同学相比，马旭用于学习上的时间不算多。不过，无论在家长还是老师的眼里，马旭都是班里很勤奋、很好学的孩子。这是怎么回事呢？

原来，自从上了小学后，马旭的父母送给他一个卡通闹钟，用来设定每次做作业的目标时间。例如，在30分钟内要完成这份练习、8点以前做完那份测试等。这样，别人1小时完不成的作业，马旭40分钟就完成了。虽然学习时间相对少，但效果并不比别人差，学习自然也就越来越有动力了。

《三国演义》中提到张松在限定的时间内，用常人无法想象的速度，默记并背诵了曹操编写的《孟德新书》。由此可见，紧急情况下，限定时间学习的效果是很惊人的。

当考试来临时，学生会遇到同样的境遇，这时会有一种鞭策自己用功的紧张情绪，自然会产生学习的欲望和动力，从而能够集中精力全身心投入到学习中去，充分发挥潜力。

这是因为人的大脑有一定的惰性，在没有紧迫的任务时，容易产生松懈情绪，降低工作的效率。但是，当要求自己在预定时间内完成一定的任务时，大脑会自动摆出"背水一战"的阵势，让自己产生紧迫感，集中精力，精神振奋，从而激发强有力的动力并取得良好的效果。

因此，老师和家长在引导孩子爱上学习的过程中，要懂得运用"截止时间的心理效应"，让有限的时间，在孩子的心里形成一种无形的推动力，从而促使孩子主动、积极地投入到学习中。

二、让孩子清楚自己的学习时间

老师和家长可能都有过这样的经历：当领导说这项工作什么时候做出来都行时，你可能很难集中精力来做这件事，思想上总觉得不着急，还有时间呢，因此工作动力也就大打折扣。相反，如果领导要求你在 3 天内完成某项工作，这时你就会使出浑身解数，全力以赴地完成。

同样的道理，在学习过程中，老师和家长最好也要明确规定孩子的学习时间，让孩子清楚自己的学习时间。这样，不仅能激起孩子学习的动力，而且有利于孩子充分发挥潜力。

例如，孩子在做一套数学试题，表现出事不关己、无所谓的态度时，可以明确要求孩子在 55 分钟内完成，其中 10 分钟内做完选择题、10 分钟内做完填空题、15 分钟内做完应用题、20 钟内做完综合题等。

需要注意的是，孩子的学习能力不同，完成作业的时间也会不一样，规定学习时间时要根据孩子本身的能力做一定的调整，从而充分地激发孩子的学习动力。

又如，孩子的学习基础不好的话，要适当地给孩子延长学习时间，以免给孩子造成太大的心理压力，一味地求"速度"而忽略了"质量"；如果孩子擅长做数学应用题，在选择题上能力薄弱，可以适当缩短孩子做应用题的时间，而将做选择题的时间延长。

三、制订自己的时刻序列表

在日常的学习和生活中，我们常常听见有的同学抱怨时间不够用。其实，每天的生活中，学生完全可以为自己创造出更多做功课的时间。只要自己愿意，不但可以做得到，而且可以养成一种良好的学习习惯。

多年前，日本刚铺设铁路的时候，制订火车时刻表的人，是由英国一位叫贝兹的技师一手包办的。当时的日本人，怎么也想不透如何使各列车相互错开、避开的道理。贝兹先生躲在专用办公室里面，一个人从事着他的工作，不对任何人说出其中的秘诀，所以，大家还以为他要的是什么高超的"魔术"呢。后来，一个偶然的机会，铁路局的人突然领悟到了其中的秘诀。原来，那个魔术就是一种叫作"时刻序列"的玩意儿，也就是以距离为纵轴，时间为横轴，将火车的动态以线条表示出来。时至今日，这种时刻序列表已经进步到以秒为单位，而且毫无差错。

我们在学习当中，也有必要制订出我们自己的"学习列车"时刻序列表，让我们的学习效率得到进一步的提高。

因此，老师和家长在孩子的日常学习过程中，要适当合理地帮助孩子结合自己的学习目标与任务制订自己的学习时刻序列表，指导孩子从自身学习习惯出发，不断朝着实现目标的终点前进。孩子在制订序列表的过程中，要做到以下几点：

首先，把一天中使用时间的情况加以详细记录，然后检查那些学习花费多少时间，那些时间分配是否合理，这就需要做一个"学习分析表"。具体方法是把一天分割成三十或十五分钟的单位，在这张时间表上，填进表示学习内容的线条。例如，把主要生活分为四大类：睡眠、生活、读书、娱乐。其中做得不怎么好的地方，就以点线表示，如睡眠时间内，有一段时间是在床上翻来覆去睡不着，那一段时间就用点线来表示；学习的时间内，有一段时间是花费在准备转变方面，那段时间就以点线来表示（以此类推）。

填好"学习分析表"后，要在学习中寻找"浪费掉的时间"，我们将会发现"浪费掉的时间"，不外乎就下列几种：

1. 学习之前，态度不坚定或行动缓慢所浪费的时间。

2. 学习中途，注意力不集中所浪费的时间。

3. 好像在玩，又好像在做功课，两者的界限混淆不清所耗去的时间。

生活上还有一些削减不了的时间。例如，吃饭、饭后休息、帮忙做家务、看报纸、睡眠（八小时）等等，都是我们在生活中必须占去的时间，如果硬要把这些时间挪到读书上去，学习效果自然不会太好。这种硬逼出来的计划，早晚是会出现问题的，效果也不大，还是尽量不要采用。适当的休闲时间一定不能缺少，因为它是调剂身心的必要条件之一。

把时间合理分配之后，我们将会发现，一天的学习时间（不包括在学校的时间），至少可以有 3 个小时的空闲时间。

四、分门别类利用时间

时间是宝贵的，我们应该懂得珍惜时间，尤其应该懂得分门别类地利用时间。因此，在小学学习阶段，只有引导学生在适当的时候做适当的事，才能最大限度地利用时间去学习。

1. 掌握学习的最佳时间

小学生要学会利用时间，首先要学会利用最合适的时间做适合的事情。例如，我们的学习活动应该在一天中大脑活动功能最强的时间进行。科学研究表明：一天中大脑活动功能最强的时间是起床后 3—4 小时，也就是上午 10 点到 11 点左右。这是一天中学习的黄金时段，用来记忆、理解，效果都非常好。此外，下午 2—3 点是一天中学习的另一个黄金时段，而且特别适用于理解难度较大的知识。晚上 8—9 点是一天中学习的第三个黄金时段，这时大脑处于活跃状态，用来复习功课是再好不过了。

2. 琐碎时间用来做琐碎的事情

关于利用时间，曾有一个极妙的比喻：使用时间就像打包货物一样，任何一个小空隙都不要放过。

生活中有许多琐碎的事情要做，例如，削铅笔、整理房间、收拾书包等，这些琐事占用的时间虽然不多，但累积在一块儿也是相当可观的。如果把这些事情都攒在一起做，必定会占用大块的时间，影响学习。解决的办法就是：利用琐碎时间，分别完成。例如，利用学习间隙的休息时间削削铅笔、整理一下书桌等，不仅不会占用正常的学习时间，而且，由于在做这些较为轻松的事情时，大脑得到了良好的休息，将会使之在接下来的连续学习中取得更好的效果。

3. 适度的"浪费"是为了更好地利用

有的同学从早到晚都在学习，除了吃饭睡觉的时间，几乎不离书桌半步。这种方法看似十分珍惜时间，实际上，这些同学的学习效率并不一定如那些经常到室外蹦蹦跳跳的同学。因为再聪明灵活的大脑也会有疲倦的时候，只有依据大脑的生理规律充分地调整和休息之后，才能保持旺盛的精力，开足马力，高效地学习。因此，在小学生的日常学习中，要引导学生适当地"浪费"一些时间，到室外去活动活动，这样不仅能提高学习的效率，也充分地利用了时间。

第四节　目标计划，学习有条不紊

一、学习计划好帮手

有这样一则案例：

在学习过程中，刘洋一直表现得不够主动积极，看课本时他常常翻翻这一章、看看那一页，东一榔头西一棒槌，像一只没头的苍蝇。

每次快要考试时，刘洋一打开课本，发现哪个知识点都是陌生的。为了应付考试，刘洋只好用了几个晚上把整本书通读了一遍。考试时，他完全凭临时加深的印象答题，却也不见什么效果，而且一考完就忘得一干二净。在这样的恶性循环中，刘洋感觉自己越来越不喜欢学习了。班主任老师在了解这一情况后，决定从刘洋的学习计划着手，引导他明确什么时间应该学习什么，并且作了整体的规划。随着计划表的实施，刘洋在学习上表现得一天比一天积极。

中国有句古话："凡事预则立，不预则废。"意思是说不管做什么事情，如果事先有了计划、有了打算，往往能激发前进的动力，进而取得较好的效果，否则就有可能失败。

有些小学生之所以不爱学习，没有学习动力，学习一直处于后进状态，一条重要原因就是学习缺乏计划性。

但是，在小学教学实践过程中，教师不难发现，不少家长认为让孩子制订学习计划表是一件很俗套的事情，没有什么实际意义。其实不然，智力相同的两个孩子，有没有学习计划表，他们的学习效果是大不相同的。

一个没有制订学习计划表的孩子，他的学习将是盲目的、消极的，一会儿看看语文，一会儿做做数学题等，没有任何条理，最终只会步入一个混乱的恶性循环中，严重影响学习的积极性。

相反，当孩子制订了一个切实可行的学习计划表后，什么时间做什么事都非常有规律，不仅可以约束自己的学习行为，还能减少时间、精力上的浪费，这对提高孩子的学习兴趣、激发孩子的学习动力是非常有益的。

因此，要想让孩子对学习产生积极的情绪和向上的动力，教师和家长一定要指导孩子尽早制订一个学习计划表。

二、学会制订学习计划

做任何事情都应该有个计划，计划是实现目标的蓝图。制订学习计划的主要目的是提高学习效率，督促自己进步。没有计划的学习是散漫的，很容易被外界的事物所干扰。那么，怎样写计划，写哪些内容呢？其实，学习计划在形式上来讲，没有什么固定的格式。但是，有一些要点必须掌握。只要掌握了这些要点，就不失为一份可行的学习计划，至于用什么方式表达出来，并不是很重要。

一份好的学习计划往往具备以下几个特点：

1. 针对性强

在制订学习计划之前，应充分了解自己的实际情况，认真比较自己各门功课的学习水平。例如，如果学生自己的数学成绩不错，而语文成绩相对差一些，那么，就应该在学习计划中给语文学习多分配一些时间，把自己的弱项补救过来，使自己各科的学习成绩尽量保持在一个比较平衡的状态。

2. 时间安排应尽量具体

什么时候做什么事、每件事要花多少时间，都应该做具体的安排。小学生刚开始学习制订计划，缺乏经验，教师和家长应引导学生经常将自己的实际执行情况与计划进行对比，以便及时调整，将时间安排得更合理。

3. 目标明确、适中

在制订计划过程中，提出明确的目标有利于看清方向。因此，教师和家长应适当指导学生不要简单地列出"要提高学习成绩""要争取进步"等笼统的语句，而应该把任务量化、具体化。例如，有一位同学在为自己制订的学习计划中提出这样两个目标：A. 英语学习分成两个部分，一是学习《新概念英语》（第一册），听慢速英语磁带，提高朗读和听写的能力；二是每天至少熟记 3 个英语单词，全年达到 1000个单词的词汇量，能够开始阅读较浅显的英语读物。B. 课外科学小知识自学的主要目的是拓宽视野，扩大知识面，因此，主要任务是阅读各种类型的自然科学知识小册子，做好阅读笔记。这样的目标就很明确，也便于执行。

在学生计划的制订过程中，教师和家长要引导学生高度注意：为自己提出的目标要适中。也就是说，要切合自己的实际情况，切勿好高骛远，以免完不成而导致气馁、丧失信心。

4. 周期宜短不宜长

计划周期最好不要太长，否则学生自己会觉得难以把握。作为刚刚开始学习制订计划的小学生，可以以一星期为单位，为自己安排好每天的学习内容和相应的休闲时间。每一星期的计划实施完成后，经过检讨自己的完成情况，再拟订下一星期的计划。教师和家长要适当提醒学生千万不要做"百年大计"的打算，否则即使计划定得再漂亮，恐怕也很难有实现的机会。

把握好了以上要点，制订一份适合自己的计划，努力照着计划去做，一段时间下来，必定会有很大的进步。

三、计划执行要用心

很多同学都有这样的体会：制订计划容易，但执行计划难。常常是雄心勃勃地定出一个很好的计划，但过不了两天就执行不下去了，于是，辛辛苦苦制订的计划就被束之高阁。因此，在小学生制订学习计划的过程中，要避免这种情况，应当在计划的执行中遵循以下两个原则：

1. 今日事今日毕

很多同学都碰到过这样的情况：计划当日完成的事情往往无法完成，于是就拖至第二日，第二日任务加重，更无法顺利完成，于是再继续往后拖。今天推明天，明天推后天，长此下去，不仅每天该做的事情都完成不好，拖到后来，想补做都很困难了。同时，学生自己原本计划的目标达不到，时间还是白白浪费了。所以，坚持"当天的事情当天做完"是完成计划的第一个原则。

事实上，"今日事"无法"今日毕"的原因主要有两个：一是计划规定的任务过重，超出了自己的实际能力。二是缺乏毅力，自我约束的能力不够强，随便更改计划，在规定的时间内开了小差，导致要完成的事情被耽搁。

如果是第一个原因，那么，教师和家长要引导学生根据自己的实际情况重新修改一下计划，量力而行，切勿贪多。因为学习是一个循序渐进的过程，不是靠短短的几天时间就能一口气全部完成的。

如果是第二个原因，那就要从自己身上入手。如果自我约束的能力不够强，那就要请老师和家长监督，但最终的目的还是要达到自己监督自己，因为老师和家长不可能时时刻刻监督学生的学习活动。所以，最重要的还是培养自己的恒心和毅力。

2. 保持一定的灵活性

当小学生开始按照自己定下的计划着手学习时，有时也会由于某些特殊情况影响了计划的实施。例如，某小学生给自己规定，每天晚饭后七点开始预习第二天的功课，但是，某一天，妈妈下班回家晚了点儿，七点钟才开始做饭，这时候该怎么办呢？要等着妈妈做好饭，吃完之后再开始学习吗？其实，这时小学生自己就要懂得变通一下了，提前预习功课，把吃晚饭的时间往后推，这样，所计划的学习任务就顺利地完成了，只不过是把先后顺序变换一下而已。

又如，某小学生给自己定下的学习任务是每天背 30 个英语单词，但是，有一天，老师留的作业难度较大，花费的时间太多，做完作业已经很晚了，此时已没有时间再背英语单词了。怎么办呢？如果对于学生自己来说，背英语单词的任务很重要，那么，就可以把这 30 个英语单词的背记任务转到第二天，并从第二天的计划中删去最不重要的一项活动。这样，无论从学习时间上，还是从学习成果上看，都是很合算的。

四、家长督促，计划执行更高效

在小学教学实践活动中，教师常常会发现有些家长对孩子有没有制订学习计划非常注意，至于孩子实际有没有履行这个计划似乎就不太关心了。其实，制订学习计划表固然重要，但更重要的是如何让孩子将计划变成实际的行动，执行下去。

因此，在制订学习计划表的时候，教师应指导家长不妨也帮助孩子制订一个学习执行表，如《学习成果表》或《学习完成表》，并把孩子的努力用眼睛能够看得到的形式表现出来。

例如，在学习执行表上，家长可以把孩子完成的部分画上红色的圆圈或盖一个红章。这样当孩子意识到不但自己可以看得到，而且全家人也都能够看到自己的成果时，他的成就感就会更大，学习积极性也会更高。

第四章 好学来自好习惯

著名教育学家叶圣陶曾这样说过："教育就是培养习惯。"好习惯的养成对于增进学习兴趣，提高学习效率，促进小学生的全面发展有着至关重要的作用。与此同时，良好的学习习惯，可以促使学生更加合理高效地开展学习，激发学习探究的浓厚兴趣，从而爱上学习，并在学业上取得优异的成绩。

第一节　习惯养成助学习

一、习惯培养要尽早

有这样一个故事：

1978 年，75 位诺贝尔奖获得者在巴黎聚会。当时，有位记者问其中一位获奖者："您在哪所大学、哪所实验室里学到了您认为最重要的东西呢？"很多旁听者都认为，这位德高望重的老教授会说出某所著名的大学或者实验室的名字。

出人意料的是，这位白发苍苍的学者回答说："在幼儿园。"吃惊的记者又问："那么，您在幼儿园里学到了什么呢？"学者的回答还是出乎别人的意料："把自己的东西分一半给小伙伴们，不是自己的东西不要拿；东西要放整齐，饭前要洗手，午饭后要休息；做了错事要表示歉意；学习要多思考，要仔细观察大自然。从根本上说，我学到的全部东西就是这些。"

这位学者的回答并非谦言，这最意想不到的答案，代表了与会科学家的普遍看法。他们认为，终生所学到的最主要的东西，是幼儿园老师给他们培养的良好习惯。

其实，学习习惯在小学低年级就形成了，以后如果不给予特别的教育，形成的习惯很难有太大改进。因此，尽早培养孩子良好的学习习惯是非常重要的。试想一棵枝杈弯弯曲曲的小树，如果不加以修剪，能自动长大长直吗？孩子年龄越小，越容易养成良好的学习习惯，形成的良好习惯也越容易巩固住。不良的学习习惯发现得越早，就越容易纠正。正是基于这种认识，我们要注意从小培养学生良好的学习习惯，小学生正处于身心发育的阶段，性格、习惯各方面正要定型，养成良好的学习习惯是当务之急。

由于习惯是人在较长时间内形成的、有规律的行为方式，一旦形成便难以改变。长期有规律地进行学习的人，便可以养成良好的学习习惯。如果一个人到了 30 岁才去考虑如何培养学习习惯的问题，这个人很可能一辈子也无法养成良好的学习习惯。原因很简单，他在前 30 年中养成的一些不良的学习习惯是很难改变的。

二、习惯养成分步走

小学生良好的学习习惯不是天生就有的，也不是一蹴而就的，它需要在长期的学习过程中逐步养成。

1. 循序渐进不浮躁

良好的学习习惯不是一朝一夕养成的，也不会在短时间内一下子形成。在小学教学过程中，教师要引导学生在区分主次、难易之后，从实际出发，逐步提出具体的切实可行的学习要求，有计划地逐步扩展，然后按部就班地落实贯彻自己的计划，久而久之，便习惯成自然。俗话说："有志者，立长志；无志者，常立志。"在这里，常立志的人就是那种很想好好做，但是做不好、朝三暮四的人。因此，要养成良好的学习习惯，第一步就要说到做到，坚定不移。就像背英语单词，计划每天要记 20 个单词，就要一天不落地去记，不给自己任何放松的理由。长此以往，每天 20 个单词就不再是一项强制性的任务，而变成了每日必做的功课。

2. 自制能力很重要

在培养学习习惯的初期，在小学生的自制力还不够的情况下，教师要引导学生控制自己的活动时间和空间，以达到约束自己行为的目的。因为人的行为本身，很大程度上受情景因素的影响。例如，一个学生自己已经认识到过多地阅读课外小说的危害，不想再将学习时间浪费在小说上。但是，很多学生下课或者放学时一经过出租小说的书屋就把握不住自己，鬼使神差地进去了。因此，在时间上，从早上起床一直到晚上就寝，都要安排好有意义的学习内容和活动内容，按时学习，适时休息。在空间上，严格控制自己的活动范围，歌厅、舞厅、游戏厅、录像厅、台球室等游乐场所，无论自己多么好奇，无论别人怎么引诱，也不要去。

在习惯养成的过程中，由于小学生的自制力多数较差，很容易出现敷衍、放任的现象，因此教师需要引导学生及时调整偏差，严格监督自己。学生的良好习惯一经养成，不仅可以提高学习能力，还可以激发学习兴趣和热情，使其受用终身。

三、学习习惯对小学生的影响

对于绝大多数的小学生来说，学习成绩的好坏，20％与智力因素相关，80％与非智力因素相关。而在信心、意志、兴趣、习惯、性格等主要的非智力因素中，习惯占有重要位置。

首先，良好的学习习惯是提高学习效率的重要条件。培养小学生形成良好的学习习惯，是保证学习高效率的具体操作方式。学习缺乏效率，学习活动就不能有效地形成结构化的智力活动和知识结构，就不可能有高质量的学习。

其次，良好的学习习惯有利于学习策略的形成，激发小学生学习的积极性和主动性。著名教育家珀金斯认为，培养运用策略性知识的能力是学校教育的重点之一。策略性知识的能力包括学习技能和运用各种学习方法的能力，而学习习惯是孩子运用策略性知识的重要基础。从学习能力的角度说，养成学习习惯是根本性的学习策略。

最后，从孩子心理发展过程来看，能否养成良好的学习习惯，会对孩子的全面发展产生深刻的影响。在学习的早期阶段，如果学习习惯在一定途径下得到顺利发展，并形成个体的一种需要，将会在以后的学习活动中发挥深刻的影响，并成为导致孩子在社会结构中位置分化的重要条件。因此，从小学阶段开始着重培养孩子良好的学习习惯，具有极其重要的意义。

第二节 听课习惯不可少

一、会听课，让学习变轻松

听课，在小学教学过程中是学生学习知识的重要环节和途径。学生要想学得好，学得轻松，就要努力听好每一节课。抓好课堂学习，就等于抓住了学习的关键所在。

老师和学生是课堂的两个主体。老师根据教学大纲的要求，经过认真备课，才来到教室给学生上课。学生在老师的指导下学习，就是把老师的知识和能力，转化为自己的知识和能力。在课堂上，学生和老师可以面对面地交流。正因为如此，老师的言传身教对学生的影响巨大，是学生最直接、最经常、最主要的学习形式。一个优秀的学生应该从听课中获得课堂的信息，并对信息进行加工处理，以使自己真正理解这些信息的意思，进而能及时作出恰当的反应，掌握更多的知识。

听课是学生课堂学习的主要方式。学生时代是人生的黄金时代，在这个黄金时代里，学生的大部分宝贵光阴都是在课堂里度过的。按每周5天，每天上6节课计算，一学期20周，就要上600节课，一年要上1200节课。有些学校还有"培优课""辅导课""活动课"等，实际上课节数可能还要更多。一个学生如果不会听课，或听课效率不高，那么学习可能事倍功半或徒劳无功。听课效果不好，学习成绩必然很难令人满意。要学会听课，教师应引导学生必须做到：提高认识，作好准备，集中精力，讲究方法。

二、小学生听课习惯的培养

1. 让学生重视听课

课堂教学是教师传授知识、解难释疑、培养学生学习能力的主要阵地，同时，也是学生获取正确信息、改正错误、提高学习能力的主要渠道。离开这个主要渠道谈学习，那无异于丢掉西瓜去捡芝麻。小学生由于心理发育不成熟，课堂上注意力往往不能够集中在听讲方面，长此以往，失去了学习的兴趣和热情，导致孩子厌学。

在小学教学过程中，教师要让学生认识到，每天来到学校学习，他们的目的就是接受思想教育，学习各科知识，锻炼各种能力，因此要耐心听好每一节课，要认识课堂知识的浓缩性。从学习学科知识的角度讲，学生上课的主要任务是在教师的引导下继承人类的宝贵知识财富，并在这个过程中锻炼观察能力、动手能力、听说能力、思维能力、综合分析能力、运用知识解决实际问题的能力等。在教师的指导下，学生走的是一条最近最直的认识道路。抓住了课堂学习，学习效率就能成倍提高，学生的学习能力就能得到充分显现。与此同时，在认真听讲的过程中，萌发学习的兴趣，从而爱上学习。

2. 引导学生集中精力

一般一堂课只有 40—45 分钟，老师备课时已将教学内容和活动设计好了。信息量大、活动多的课，学生一定要集中注意力才能够提高学习效率。

从小学课堂教学实际情况来看，学生上课时分心、走神的现象较为普遍。有些学生在预备铃响之后，走进教室仍然不停打闹，要花几分钟才能平静下来，特别是课间 10 分钟时因某方面事情过于兴奋或做过剧烈活动的学生，人坐在座位上还气喘吁吁，老师讲了半天，他还未进入角色，一堂课前几分钟就耽误了。在上课过程中，如果思想开小差，有时讲的最关键的地方没听进去，那一段知识在自己的记忆中肯定是一片空白。接近下课时，有的学生就坐立不安了，老师到这个时候一般是对本堂课内容作归纳小结，结论性的东西不听，可能会留下概念模糊或推导过程不清的后遗症。如果老师在讲学生容易出现的问题和毛病，不能够仔细听讲吸取教训则将重犯别人犯过的错误；如果老师在对某个难题作提示性指导，不能够牢记在心，课后做练习时，将会多走一些弯路甚至无法下手。一堂课中，教师应引导学生自始至终都能够集中精力听课，学习习惯不好的学生，虽然很难做到，但教师一定要尽力让他做到。因为学生只有在课堂听讲上注意力集中，才能够投入更多精力去钻研课堂上老师讲解的知识内容，从中发现问题，积极思考问题，进而产生学习兴趣。

三、抓住课堂听课的重要环节

课堂虽然可以达到老师和学生面对面交流的目的，但是，这种交流并不是一对一的，而是一对多的。也就是说，一个老师是面对众多学生在讲课。这就意味着，老师在上课时很难满足每一个学生的要求。由于几十个学生的基础功底不同，他们对同一老师的讲课方式和内容也会有不同的看法。有些人会认为正合适，不深也不浅，不快也不慢；而有些学生则会认为老师上课的内容太深，或者讲课进度太快；另外，有些基础较好的同学则认为，老师讲课的速度太慢了，而且不应该只讲授课本上的内容。总而言之，老师课上不可能兼顾每个学生的要求。这是课堂听课的一个显著特点。

因而，在小学课堂上，教师应引导学生充分抓住 40 分钟的听课时间听好每节课，并能够学会调整心态，以积极的心态来迎接课堂学习。

有些同学上课铃一响就想睡觉，一见老师心里就开始反感；老师刚刚讲了几分钟，他就在想着什么时候可以下课。可想而知，这种心理状态是不可能获得好的学习效果的。教师必须引导学生在课间活动中不要让自己的脑子太激动，例如，不要玩运动量过大的游戏等，而应该乘机放松一下心情，出去呼吸一下新鲜空气。预备铃一响，就应该进入积极的学习状态，回忆上节课老师讲的内容，或者回忆昨天预习时的思路和遇到的难点。另外，由于上课需要用脑，所以，应该让大脑在上课时保持一定的兴奋状态。这就要求每个学生都能够保持充足的休息，避免睡眠不足。造成学生睡眠不足的原因很多，包括由于晚上看电视没有节制、晚上做本应下午就完成的作业、开夜车等。这些都是不好的学习习惯，教师应引导学生尽快改正。

第三节　勤动笔，学做课堂笔记

一、养成做课堂笔记的习惯

有这样一则案例：

鑫鑫刚上小学一年级，上课时总是喜欢背着手，只靠竖着耳朵听。看到别的同学在书本上写写画画，心想："学习就是把老师布置的作业做完，根本就没有笔记可记的呀。"为此，老师说过她好几次："鑫鑫，一定要做好课堂笔记啊。"但是，她总是不听。

渐渐地，鑫鑫觉得上课只是听听老师说话而已。回到家，她常常和妈妈抱怨："妈妈，上课怎么这么没有意思呀。我一点儿也不喜欢上学。"

小学课程比较简单，多数小学生认为，书本上什么都有，上课只要认真听讲就可以了，没有必要记课堂笔记。其实，这种观点是不正确的。

不做笔记的孩子大多都有这样的体会：课堂学习时，即使当时老师讲解得很清楚，自己记得也很清楚，但是过一段时间就变得记忆模糊甚至想不起来。时间一长，孩子就容易对学习失去信心，产生厌学情绪。

俗话说，"好记性不如烂笔头""心记不如带墨""眼过千遍不如手过一遍"，老师在课堂上讲得再清楚，也要注意做好课堂笔记。这是学生在学习过程中必须要养成的一个好习惯。对于小学生而言，更是如此。

为什么呢？因为做课堂笔记时，眼、心、手都在动，这有助于指引并稳定孩子的课堂注意力，充分理解老师的讲课内容，将老师的东西变成自己的东西。这样，不仅激发了孩子的学习兴趣，帮助孩子树立了自信心，也发展了孩子自主学习的能力。

二、课堂笔记记什么

在小学教学过程中，教师要积极引导小学生学会记课堂笔记，首先要让学生明确课堂笔记都记些什么内容。记课堂笔记并不是将老师讲的每句话都记录下来，而是要抓住知识要点。

课堂时间有限，做笔记时，没有必要将课堂上的所有内容都记下，也不要试图记下每一个概念、事实和细节，而是要选择其中最重要、最关键的内容。

首先，记课堂上老师的板书。板书是老师列出的讲课提纲，以图、表的形式展现了一节课的主要内容，是教材知识结构和部分知识内在联系的网络。教会学生记好板书，有利于学生理清课堂知识、大意、层次结构，对学生理解和掌握知识大有益处。

其次，记老师的解题思路。思路是老师的思想方法和对教材的透彻理解，老师讲课的思路一般用语言或结合板书表现出来。在课堂笔记中记下老师讲解的思路，学会老师分析问题的方法，有利于启发小学生的思维，打开思路，提高思维能力，激发学习兴趣。

此外，学会记重点难点。在集中精力的前提下，学生在记课堂笔记的过程中还需要认真筛选，从而捕捉到重点内容，只要捕捉到，就该记录。

例如，老师讲课时重读某个词语时要特别关注，这代表它是关键词，需要记；老师讲课时刻意的停顿也是一种线索，提示学生该记录了；留意老师线索性的语句，如"下面这几方面非常重要""得出的主要结论是""本段的中心句是"等等。

三、课堂笔记如何记

做课堂笔记时，没有固定的、千篇一律的方法，重要的是根据学科的特点和小学生自身的学习方法，在最短的时间内，把握课堂内容的要点。

在小学课堂教学过程中，教师可以引导学生结合自身的学习方法和习惯从以下几个方面入手：

1. 给每一门课程准备一个单独的笔记本，而且最好是活页笔记本，以便于日后整理时使用。不要在一个本里同时记几门课的笔记，否则会非常的混乱。同时，要准备两种不同颜色的笔，以便通过颜色突出重点，区分不同的内容。

2. 在笔记本每页的右侧画一竖线，留出 1/3 或 1/4 的空白，用于课后拾遗补缺，或写上自己的心得体会。左侧的大半页纸用于做课堂笔记。

3. 为了使笔记显得条理清晰，可以使用一些醒目的符号。例如，用波浪线表示重要内容；用着重号表示关键的字词；用问号表示质疑等等。这类符号的使用最好固定下来，不要随意改动，否则学生自己反而会感到混乱。

4. 如果漏记了笔记，不要担心，不要总是惦记着漏掉的笔记内容，而影响听记后面的内容。教师可以指导学生在笔记本上留出一定的空白，课后求助于同学或老师，把遗漏的笔记尽快补上。

5. 课后要及时检查笔记。下课后，学生应该及时地从头到尾阅读一遍自己记的笔记，既可以起到复习的作用，又可以检查笔记中的遗漏和错误，将遗漏之处补全，将错别字改正，将过于潦草的字写清楚。同时将自己对讲课内容的理解和自己的收获及感想，用自己的话写在笔记右侧的空白处。这样，笔记才能变得更加充实、完善。

四、利用课本做笔记

有的同学不习惯在笔记本上做笔记，但是老师讲课中涉及的有些重点又非记不可，那怎么办呢？其实将脑子转个弯就可以想到了，那就是在课本上做笔记。

在小学课堂教学中，教师要积极引导学生充分利用教材课本，在课本上做笔记主要应掌握两个重要方法：符号和批语。

根据老师的课堂讲解，学生可以对书本中的重点内容，比如课文中的字、词、句、注释、文学常识等下面标上圆点、曲线、直线、虚线、双线、波浪线、方框等，或者用圆圈、箭头、红线、蓝线、三角、惊叹号、疑问号等其他各种符号标示，以便于找出重点，加深印象，或提出质疑。哪种符号代表什么意思，由学生自己掌握。对于较长的段落，可用阿拉伯数字标出层次，使其眉目清楚，条理系统，便于复习和记忆。

此外，在书页上下端的空白处，或者字里行间，教师还可以指导学生以批语的形式加注自己的学习心得，也可以把老师讲课的要点、重点、难点以及自己对某些问题的疑点、评论随时记在书页的空白处。

第四节 培养做作业的好习惯

一、作业本上学问多

在小学阶段，学生心理年龄不成熟，贪玩好动，做作业成为了阻碍他们玩耍游戏的眼中钉、肉中刺，正是由于一些小学生对作业的目的和意义认识不够明确，总是觉得做作业就是为了应付老师和家长，为了"交差"完成任务，为了得到表扬，因而普遍存在着赶作业、抄作业的不良习惯。

在小学教学过程中，教师要引导学生正确认识做作业的目的。我们学习知识为的就是应用知识，而作业就是知识检查和应用的重要形式之一，做作业也是完整掌握知识的必要环节和重要手段。因此，教师应让小学生明确做作业的重要意义，了解作业本上的学问多、帮助学习的作用大。

首先，可以帮助学生检查自己的学习效果，通过做作业可以发现学习中存在的问题，以便及时补救。一般来说，作业如果做得顺利，正确率高，在一定程度上说明这部分知识掌握得比较好。如果情况相反，则说明这部分知识掌握得不好，就需要及时检查，寻找原因，及时补救。

其次，可以帮助学生深化知识。通过做作业时的思考，可以加深对知识的理解，把易混淆的概念搞清楚，把公式的变换搞熟练。课本知识是一种间接的、抽象的知识。通过预习、上课、复习，只能得到对知识的初步认识。我们之所以感到课本知识有些"严肃"和"死板"，是因为它丰富的内涵和外延还远远没有展现出来。作业可以使学的知识得到深化、强化、活化，而且深化、强化、活化是统一的，相互促进的。

与此同时，做完作业后，不能把它一扔了事，而应当定期进行分类整理，为总复习积累资料。复习时，翻阅一下记录的作业，既方便省事，又印象深刻，除了课堂作业之外，老师留的课后作业也要同样重视起来。

二、作业完成求质量

1. 要养成定时做作业的好习惯

每天在什么时间做作业，做哪一科作业，要形成规律，养成习惯。有了好的习惯，到了固定的时间学生自己就能自动去做作业，不会因为别的事情而轻易占用做作业的时间。而且，养成习惯后，学生在做作业时，就很容易集中注意力，做作业的速度和效果也会有所提高。

2. 先易后难分步做

在小学生的作业习惯培养过程中，教师要适当引导学生掌握合理的作业方法。如先把当天要完成的作业大致地看一遍，确定难易程度后，再按照先易后难的原则安排作业的次序，分步完成作业。因为先做容易的，学生在顺利做完之后，有利于激发写作业的兴趣和提高写作业的自信心。同时，难做的作业既费时间又费精力，如果学生在作业时先做难题，再做其他作业时，就会感到疲劳，失去兴趣，影响后面作业的质量。

3. 作业完成要独立

小学生在做作业的过程中，运用书上的知识，加上自己的思考，做出的答案会在脑子中留下深刻的印象。因此，做不出来的练习题，应当先独立思考。自己做不出来，可以先翻翻书，看看笔记，回忆并理解课堂上学习的知识，再进一步想想课堂上学的知识和这道练习题是什么关系，就有可能做出来了。或者，把这道练习题放过，先做其他题，然后再来思考这个练习题，也许思路开了，就能做出来。如果实在做不出来，再去请教别的同学，或同别的同学展开讨论。如果不经过自己独立思考，先请教别人，或直接抄袭同学的作业，这样做的作业，印象就不深，而且难以发现学习中的薄弱环节和不足之处，容易养成依赖心理和投机取巧的不良习惯，等到学生必须自己独立思考和解决问题时，就会导致不知从何下手而失败。

三、作业出错怎么办

在小学学习过程中，不少学生容易出现做作业马虎、做题出错的现象，有的学生不爱学习，常常做错题，即使拿出前几天刚做错的题，还是一样会做错，久而久之出现了厌学、不爱做作业的坏习惯。

同时，有的学生在学习方法上存在很多漏洞，学习的知识越多，出现的错误越多，不知道怎么才能尽快补上；有的学生学了很多的知识，做了数不清的题，错误并不见少；有的学生认为既然难免会错，干脆不想去努力做了，甚至不想学习了……

面对这些情况，教师如何帮助学生准确地找到学习上的漏洞，减少学习中出现的错误就成了当务之急。其中，建立全面、完整的错题本是一个非常好的办法。

让学生建立错题本，可以把容易错的知识点积累起来，避免再犯类似的错误，还可以作为日后复习的资料，及时找出自己的薄弱点，进行针对性练习。这样，学生就可以走出错误的"陷阱"，轻松爱上学习。

需要注意的是，在指导学生进行错题本制作和整理分析的时候，要讲究一定的方法。只有方法正确，才能让错题本真正地发挥作用，取得很好的效果。在小学教学过程中，教师要引导学生条理清晰地记录错题，整理出错题后，要让学生仔细分析出现错误的原因，把错误原因弄清楚后，要记下错误的类型和原因。同时，在原题旁边一步一步正确地、规范地做一遍。此外，还要指导学生能够将错题按不同的类型进行归类，如可按照学科特点、考试技巧、学习习惯、学习方法、学习心态等分类，查出各种错误类型在错题本中所占的比例。最后，强调复习的重要性，让学生能够时常拿出错题本进行复习，及时修补自己的知识漏洞，从而使学生的错误越来越少，学习的积极性也就会随之增加。

四、寒暑假作业不能忘

小学阶段，每年的寒假和暑假都是一个比较长的假期，老师们往往会在这一期间给学生留一些作业，以帮助大家不断巩固上一个学期所学的内容，有利于新学期的学习。因此，在小学教学过程中，教师要引导学生养成认真完成寒暑假作业的良好习惯。

1. 做作业要有规律

由于寒暑假时间较长，大多数同学又不太会安排时间，有的同学放了假就天天玩，作业总是留到开学前的最后几天，才急急忙忙地乱写一通，随便应付或者干脆从同学那里抄袭了事。有的同学正相反，一放假就急急忙忙地赶作业，一个假期的作业集中在几天的时间里就做完了，剩下的时间就每天无所事事。

以上这两种做法虽然省事，也符合一些同学们所说的"长痛不如短痛"的做法，但关键的问题在于，这两种做法都起不了复习和巩固知识的作用，既然这样做作业的方法达不到学习的目的，做与不做又有什么区别呢？

因此，在小学教学过程中，教师要及时引导学生采用正确的方法完成假期作业。小学生可以在家长的帮助下有计划地合理安排好时间，最好制订一个学习计划，把假期作业平均到每一天，每天做一部分，也可以同小伙伴一起制订假期作业计划，相互督促，共同按时完成老师布置的作业。

2. 细致认真，不怕困难

在做寒暑假作业时，有的小学生只顾进度，作业中常常出错，甚至看错运算符号、抄错数的现象也经常发生。因此，每次做完当天的作业，都要细心检查是否漏题、漏答、漏运算单位等，应用题要认真列式检验。

同时，寒暑假时间长，有充足的时间来琢磨难题，不要一遇到问题就求助于父母、参考书和网络，要引导学生多花一些时间，争取凭借自己的力量克服困难，解决问题。

3. 重视效率

寒暑假里，由于没有老师、家长的监督，有的小学生写作业就磨磨蹭蹭，拖延时间，一会儿摸摸这儿，一会儿看看那儿，看似在学习，实际上连自己在忙什么也说不清楚，当然就更不用说学习效率了。这样既浪费了时间，又会养成做事心不在焉的不良习惯。因此，做寒暑假作业时，学生不能只满足于做了多长时间，而是要看看自己在那么长的时间内完成了多少作业。同时要培养自己精神专注，排除干扰的能力，确保高效率地完成作业。最好把自己每天做作业所花的时间和完成作业的量记在一个专门的本子上，让自己来监督自己。

第五章　勤学讲究好方法

　　在小学教学活动中，一些学生把学习视为一件压力重重的苦差事，这是因为学生没有掌握合理高效的学习方法。正确的学习方法可以让学生从容应对学习任务，使学习变得更加简单、轻松，能够有效地激发学生的学习动力和学习热情，从而让孩子爱上学习。

第一节　灵活用脑，学习更高效

一、学习环境选择好

在小学生的日常学习和生活中，大脑的工作效率与环境因素有着密切的关系，良好的学习环境可以使我们的用脑效率提高 15％～30％。因此，教师和家长要及时沟通，相互配合，共同为孩子营造一个适于用脑的学习环境。同时，教会学生如何科学高效地用脑学习。

1. 要有新鲜的空气

为保持头脑清醒和精力旺盛，学生应该尽量在空气流通的环境中学习，这样才能保证我们的大脑获得充足的氧气。因此，家里的书房要经常开窗换气。平时在学校，因为教室里的人较多，空气容易变得污浊，大家就更应该注意保持通风，课间应走出教室，尽量呼吸新鲜空气，这样才有助于我们消除疲劳，保证大脑的健康，提高学习效率。

2. 要有强弱适中的光线

学习时，过强的光线会使人感到头晕、烦躁，影响大脑的思维和判断能力；如果光线过于昏暗，又容易导致大脑皮层因为得不到足够的光线刺激而产生抑制，影响用脑效率。所以，小学生在读书学习时应该选择光线明亮的地方，但需要注意的是，白天不要在直射的阳光下看书，那样不仅会伤害眼睛，也不利于大脑的思考。

3. 避免噪音影响大脑的工作

小学生应尽量在安静的环境中学习，如果学习环境中的声音强度过大，就会使精力分散、降低思考能力。如果长期处于噪音环境中，还会对人体健康产生危害，甚至导致记忆力减退、神经衰弱等。

二、合理用脑去疲劳

小学生正处于身体发育的黄金时期，大脑和人体的其他器官一样，在紧张的学习之后，它也需要休息，这样才能消除疲劳，恢复活力，保证学习的效率。

如果睡眠不足，就会影响大脑的正常功能，使注意力、记忆力等能力降低。学生若想有效地使用一天 24 小时，就不要让读书学习的时间"霸占"掉自己的休息和睡眠时间。"头悬梁，锥刺股"的刻苦精神是古人的一种学习方法，却不足为训，所以我们今天要突破这种方法，使我们的学习变得更加的轻松和快乐。如果想将一小时当做两小时用，如果想取得更好的学习效果，教师和家长必须指导学生有效地安排好自己的学习和休息时间，要知道不懂得休息的学生是不懂得学习的，当学则学，当睡则睡。这样才能维持最佳的身心状况，在同等的时间内取得双倍的效果。

当然，虽说睡眠是消除大脑疲劳的有效方法，但也不是睡得越多越好。如果睡得太多，超过了需要，就会和睡眠不足一样，妨碍脑力劳动。一般说来，小学生每天适宜的睡眠时间为 10 小时左右。

三、转移注意，活跃大脑

在小学阶段的学习中，学生如果持续学习的时间过长，就很容易产生倦怠感和厌学心理，注意力不容易集中，头脑也会变得迟钝。因此，在小学教学过程中，教师要及时引导学生调节自己的心情，转移注意力，为大脑带来新的刺激。这样，大脑可以重新恢复正常的学习状态，使学生投入到学习中。

在引导学生进行注意力的转移过程中，可以带领学生读一些童话故事来进行调节。阅读童话故事可以让学生暂停眼前的思考，把注意力引向那些美好的事物，赋予学生的心灵以新的情感。同时，引导学生在课间活动时读几则笑话或回想几件有趣的往事，也可以起到转移课堂学习过程中高度集中的注意力的效果。

此外，学生也可以在学习的间隙欣赏一些优美动听、舒缓轻柔的音乐，这样也能起到调节脑力和心理的作用。在经过适当的调节之后，大脑就会重新活跃兴奋起来，从而使学生能够更加积极主动地参与到学习中去。

四、协调训练左右脑

只有把左脑和右脑协调起来，一个人才能够充分地发挥自身的潜能。爱因斯坦曾这样描述他在思考问题时的情景："我思考问题时，不是用语言进行思考，而是用活动的跳跃的形象进行思考，当这种思考完成以后，我要花很大力气把它们转化成语言。"加强记忆，需要左右脑各自发挥其优势，也需要左右脑很好地合作。因此，在小学教学过程中，我们不能忽视对小学生左右脑的协调训练。

经过教学实验的论证，有两种较为适合小学生进行左右脑协调训练的方法，即打字训练和乐器训练。

首先，打字训练需要左右手高度协调，这也锻炼了左右脑的协调。例如，在用五笔字形法输入汉字时，大脑先将汉字拆成字根，这是一个分析过程，主要由左脑完成；再将字根转换成英文字母组合在一起，这是个综合的思维过程，一般由右脑完成。而且，在打字时，手指指尖不断与键盘接触，由于人体的每一块肌肉在大脑皮层中都有着相应的"代表区"，其中手指运动的神经中枢在大脑皮层中所占的区域最为广泛，因此打字训练能促使左右脑不断地得到协调训练。

而在进行乐器训练的过程中，不论是弹奏乐器、吹奏乐器，还是打击乐器，都需要左右手的高度协调，手指指尖也能经常得到运动，因而也是适合小学生协调左右脑的一种有效的训练方法。

此外，引导学生学习掌握一两种乐器的演奏，既可以丰富孩子们的文化生活，陶冶情操，又可以增加他们的技能，使大脑得到有益的训练，从而让学生更加高效地投入到学习活动中。

第二节　增强记忆是法宝

一、记忆力的重要性

每当考试之后，总会听到有同学发出这样不同的议论："真不争气，我怎么也想不起来从前学过的东西了，总是记住前面的忘了后面的。""真幸运，这些题的内容我几乎可以倒背如流。"这两个同学的成绩自然可想而知。

我们知道，没有记忆，人就无法学习和生活。在学习中所讲的"记住"，就是对已经学习过的知识反复感知、获得印象，并留下痕迹的过程。这样，我们对记忆力突出、考试成绩也突出的现象就不难理解了。

记忆对于学习是非常重要的，学生需要依靠记忆汲取知识、运用知识。对学过的知识没有有效地记忆，或者记忆不牢固、不深刻，就无法积累知识，也很难学懂新知识，对小学生提升学习成绩是极为不利的。学生所学的知识都是系统的、有联系的，对前面所学的概念、公式、定理、法则没记住，后面的知识就很难理解和掌握。因此可以这样说，养成良好的记忆力是学生最重要的基本功。

与此同时，在小学学习阶段，由于每个学生的自身条件和成长环境都不同，个人记忆的快慢、准确度、牢固程度和灵活程度也不相同。实际上，每个人都有自己特有的记忆类型，或是视觉型，或是运动型，或是混合型，等等。这些不同的个性特点，会使不同的人随其记忆的目的、任务对记忆所采取的态度和方法各异。同时，记忆的内容会随着个人观点、思维方式、学习兴趣、生活经验而转移。对同一学习内容的记忆，个人所牢记的广度和深度也往往不同。

根据个人记忆的不同特点，在记忆力训练中，教师需要指导学生有针对性地选择训练方法、进度与难度，以及选择类型和特长，使之形成"记"与"忆"彼此密切联系的完整的心理过程，这对快速提升小学生的学习成绩绝对是有帮助的。

可见，记忆力与学习关系密切，意义重大。掌握有助于提高成绩的记忆方法，会对每个学生的学习及人生都有特殊的重要作用。

二、记忆好，学习自然好

据统计，78％的小学生成绩不好的主要原因是记忆力欠佳，学过的东西记不住，或者平时记得好好的，一到考试就忘了。然而，这些小学生并非缺乏记忆的天赋，只是没有掌握正确的记忆方法。

学习是一个理解、记忆和运用的过程，记忆在学习中占有十分重要的地位，记忆力提高了，学习成绩自然会好。在小学阶段，记忆力的重要性甚至占了学习成绩的80％～90％，试想，如果能把平时所学的语文、数学、英语等装进脑子里，那么学生厌学的情绪自然会减弱，学习热情也就上来了。

有这样一则案例：

路明是小学五年级学生，他在学校放暑假的时候，参加了增强记忆训练班。经过两个多月的学习，掌握了许多记忆技巧，学习进步很快，考试的分数爸爸妈妈和老师都十分满意。可是在这之前，他的作业错题很多，考试常常不及格。他想："我完了，学习那么差，一点儿办法也没有。"于是整天都在生闷气，回家后作业乱写，搞得乱七八糟，看到一些优等生受到老师的表扬，真是美慕死了。

后来，路明掌握了记忆方法，成绩一天比一天有进步，分数也一点一点地提高，背起英语单词来就像小鸟在空中飞一样自由自在。

路明说："我学会记忆方法后，好像会变魔术一样，原来什么都不会，现在变得很棒。每天我上学的时候，就感觉有许多新奇的事等着我去探究，而我就运用各种各样的记忆方法，东记记、西记记，感觉真的很有趣啊!"

路明学习了记忆方法后,他的成绩明显提高了,从倒数第十名开始一直往上升。对于如此快速的进步,老师和同学都吃了一惊。他不但在学习上变得更加自信,而且还激发出积极的学习心态。最重要的是,在学习的过程中他体会到:原来学习并不单调乏味,而是很有意思,很轻松的哟!

由此可见,在小学学习阶段,记忆对促进学习有着重要作用。它不仅仅可以让我们的学习成绩提高,而且可以让我们找到学习的乐趣与自信。学习效率提高了,学生就不用像以前那样花费那么多时间写字做作业,可以省下时间来做自己更想做的事,像打球、看电视或玩游戏。

有些小学生常常抱怨自己的记性不好。其实,除了智障者之外,普通人大脑的记忆力是相差不大的。实际记忆力之所以有差异,是因为各人对大脑记忆的规律和提高记忆能力的方法掌握程度不同。正确的记忆方法,不仅能提高学牛的记忆能力,防止遗忘,还能训练思维,以思维促进记忆,提高掌握知识的质量。同时,每个学生都有自己的特性,在记忆方法上也要根据自己的特点,寻找适合自己的学习方法。

三、良好记忆有标准

人的记忆力是千差万别的,有的人对只看过一遍的东西就能过目不忘;而有的人却是学习十多遍也记不住一点;有的人记得快忘得慢,有的人记得慢忘得快。通常情况下,我们可以从记忆品质的准备性、精确性、敏捷性、持久性等四个方面来衡量和评价一个人记忆力的好坏。教师只有在教学过程中让学生明确良好记忆的标准是什么,才能够引导学生进行记忆力的训练和培养,从而提高记忆力,让学习更加轻松。

首先是记忆的准备性。在日常的学习和工作中,我们经常要把记忆中贮存的信息资料在需要时很快回忆起来，以解决当前的实际问题。我们记忆的目的是存以备用，大脑好比是个"仓库"，记忆的准备性就是要求人们善于对"仓库"中储存的东西自如提取。有些人虽然记忆了很多知识，但却不能根据需要去随意提取，就像一个杂乱无章的仓库，需要提货时，保管员手忙脚乱，一时无法找到一样，以致为了回答一个小问题，竟需背诵不少东西才能得到正确的答案。在学习活动中，学生如果不能及时地把学习中所需要的信息资料提取出来，那么即使掌握的信息资料再丰富，也不能有效地应用于学习中。

此外是记忆的持久性。识记一个材料，有的人能长久地保存在记忆里，而有的人则很快就遗忘了。同时，记忆的内容也因重要程度不同，决定记忆的持久性。有些信息材料并不需要长久记忆，比如每天按常规到学校学习，并不需要长久保存在记忆中；然而有一些学习内容却是需要长久记忆的，如数学公式、常用的英语单词等，必须长期记忆在头脑中。

小学教学实践研究表明，小学生记忆保持的时间长度，随着年龄的增长而延长。从记忆的再认来说，一般 1 岁乳儿再认保持时间为几天；2 岁婴儿再认保持时间为几周；3 岁婴儿再认保持时间为几个月；4 岁幼儿再认保持时间为 1 年；7 岁幼儿再认保持时间为 3 年。从记忆的再现来说，一般 2 岁婴儿再现保持时间为几天；3 岁婴儿再现保持时间为几周；4 岁幼儿再现保持时间为几个月；5—7 岁幼儿再现保持时间为 1 年以上；7—17 岁儿童少年再现保持时间均超过幼儿，并且对各种不同材料再现保持时间长度均逐年延长。小学生记忆持久性的发展，依赖于记忆内容的性质和小学生记忆的目的、态度、方法、知识经验以及智力发展水平等因素。凡是使小学生产生深刻印象、引起浓厚兴趣、激发强烈情绪体验，或为小学生熟悉的、理解的、意识到其社会价值的以及经常运用的内容，小学生记忆保持的时间就长，甚至经久不忘。

四、学生记忆力的培养

1. 培养记忆的兴趣

小学阶段，兴趣在学习生活中的地位突出，在记忆活动中同样也很重要。大家都有这样的经验，如果漫不经心，一件事情就算重复好几遍也不一定能记住。相反地，如果对这件事情有兴趣，充满好奇心，可能一次就记住了。例如，有些人对自己日常生活中的事物过目不忘，比如对有趣的电视情节，无论多么复杂，他们也能记得一清二楚，但对学习过程中应该记忆的，但是自己觉得枯燥无味的东西却没有办法进行完好的记忆。究其原因，就是兴趣在作怪。一般来说，在其他条件相同的情况下，对能够引起兴趣的事物就容易记忆，对不能引起兴趣的东西就容易忘记。

2. 先理解后记忆

理解是有效记忆的前提和基础，相比于不理解对象的意义，单纯机械地记忆，效果要显著得多。因为这种理解性的记忆就是通过寻找和建立知识之间的广泛联系，深化对知识的认识，从而达到加深记忆的目的。所以，小学生在进行记忆的训练培养时，要尽可能地理解知识，通过理解形成广泛的知识联系，把新知识融入已经掌握的知识体系中去消化吸收，使之成为自己知识结构的一个有机组成部分。这就好比在已经耸立牢固的一排篱笆桩中，又加进一根新的木桩。由于新木桩与原有的木桩连在一起，就会更加稳固。然而，如果机械地强制记忆没有被理解的知识，就犹如只有一根孤零零的木桩，很容易被时光消磨掉，乃至消失。

3. 多种渠道促进记忆

听、说、读、写是学习活动的四种基本技巧。同样，在小学生的记忆培养过程中，也要把这四种基本技巧利用起来。在课堂记忆中，就可以边听边思边写边记；在课后复习记忆时，也可以边看边读边写边记。这样的记忆形式，比单一的看或听效果要好得多。

4. 选择适合自己的记忆方法

正确的记忆方法，不仅能提高记忆力，防止遗忘，还能训练思维，以思维促进记忆，提高掌握知识的质量。每个学生都有自己的特点，在记忆方法上教师也要引导学生根据自己的特点，寻找适合自己的方法。例如，记忆英语单词，有的学生习惯边读边记忆，有的学生习惯边写边记忆。记忆的方法很多，要找到适合自己的记忆方式，就要在学习中不断摸索。

第三节 事半功倍会预习

一、课前预习益处多

无论做什么事情，事先都应该有所准备，这就是"有备无患"。例如，足球比赛之前，整个足球队往往会事先对比赛的战术、对手的技术进行非常详细的分析，这就是事先的准备。一个球队比赛的输赢，与事先是否进行准备有极其重要的关系。

学习和踢球一样，要达到高效学习的目的，就要作好各种课前准备，这些准备包括心理准备、身体准备、知识准备等。这里，最为重要的就是知识的准备，即预习。

预习是指在老师讲授知识之前，学生独立阅读新知识，初步了解掌握新知识的内容，为新知识作好知识准备的学习过程。预习是学生学习的基本环节之一，它在小学生的学习过程中起着非常重要的作用。

首先，预习能培养学生的自学习惯和自学能力。因为预习一般是"单兵作战"，要求自己独立地阅读和思考，经过长期的实践，不仅能增强学生的独立性，减少依赖性，而且能提高阅读速度，培养学生的分析综合、归纳、判断等方面的能力。

同时，预习能增强学生课堂上的听课效果。掌握了正确预习方法的同学往往能在预习中发现问题，找出疑难点。带着预习中发现的疑难点去听课，由于目的明确、针对性强，听课的效果自然大大提高。

其次，预习能够培养学生发现问题的能力。当学生预习新的学习内容时，就能提前发现自己知识上的缺陷，并及时地查漏补缺，不让它成为听课的拦路者。如果学生能找出一些自己觉得比较难的问题，并带着这些问题去听老师讲课，也会让自己的注意力更加集中，因为心中的难题正等待着老师来帮助解决。

因此，预习在小学生的学习活动中是非常有意义的。但是，话说回来，并不是说没有预习就听不好课了，说到底，预习是为听课服务的，预习应该是在有条件的情况下来进行。对于学习状况较差的同学来说，比预习更重要的是如何在作业以外的时间里把以前知识上的薄弱和缺陷及时地弥补上来，因为打好基础更为重要。

二、预习有分类

　　在小学教学过程中，教师在指导学生掌握正确的预习方法之前，要让学生明确在不同的学习时间段，根据学习内容和范围的不同，有着不同的预习类型。

　　首先是课前预习。课前预习通常是指在老师讲课之前，利用课间休息时间或其他空闲时间预习下一节课的内容。在小学学习阶段，课前预习一般要求学生自己独立地阅读新课的内容，做到初步了解，并作好学习新知识的准备工作。

　　其次是单元预习。单元预习一般是指在学习某一单元之前，预先从整体上了解将要学习的内容，明确这一单元的学习目标和重点，思考如何学习的方法。同时，单元预习一般利用晚上的自由学习时间和节假日来进行。

　　单元预习的做法一般为单元或章节预习。学生如果对某科已进行了全册预习，则可在完成了全册预习的基础上，进一步深入系统地熟悉每个单元的内容，明确单元的目标和任务；探索单元间的相互联系，消化理解重点知识；通过试做课后习题巩固预习效果；做好单元预习笔记。

　　此外，还有一类预习即学期预习。学期预习是指在开学之前，利用假期对下一学期的学习内容进行全面系统的了解，做到心中有数，并联系过去的经验教训，根据自己的特点，想好相应的措施，制订出学期学习计划。

学期预习的做法一般为全册预习，从整体上了解和熟悉全册教材的主要内容和特点。首先，通读教材，清楚教材的章节数、章节题目和分量；然后明确教材的目的、任务、要求、重点和难点等，从客观上把握教材；同时做好预习笔记，搜集参考资料，试做有关练习，制订相应的学习计划。

三、掌握良好的预习方法

就目前的教育现状来看，小学课程的内容越来越深、越来越难。因而预习就显得非常必要，也格外重要。学生只有通过预习，才能明白自己哪些地方不懂，上课时有重点地听，从而做到有的放矢，提高学习的效率。不过，并不是每个孩子都知道预习的正确方法。

预习的最大好处在于能减少听课时的"饥饿"感，更好地把握老师讲课的重点，使新旧知识融会贯通。此外，在实践中，学生也会深深体会到，预习能增强学生的信心，因此听课会有一种"大部分懂了"的感觉，觉得越学越易学，越学越想学。

首先，在小学教学过程中，教师要指导学生安排好预习的时间，预习的时间一般要安排在做完当天功课的剩余时间内，并根据剩余时间的多少来安排预习时间的长短。如果剩余时间多，可以多预习几科，预习时可以多找出一些问题；如果没有多少时间的话，就应该把时间用于薄弱学科的预习上。

与此同时，在预习过程中学生应首先迅速浏览一遍即将学习的新教材，这时要了解教材的主要内容，弄清哪些内容是自己一读就懂的，哪些内容是自己觉得比较难懂的。

其次，带着问题，边思考边读第二遍。对于初次阅读还没弄清楚的问题，在第二次阅读时，头脑里一定要带着这个问题，深入思考，仔细钻研教材，这时的阅读速度可以适当放慢一些，遇到困难，可以停下来，翻翻以前学过的内容，或者查阅有关的工具书、参考书，争取依靠自己的努力把难点攻克，把问题解决，把没读懂的地方读懂。对于自己经过努力仍未解决的问题，也不必勉强去解决，这样会花费更多的时间。可以把这个问题记下来，留在课堂上听课时去解决。

此外，学会做好预习笔记。预习笔记有两种，一种是直接记在课本上，一种是记在笔记本上。在课本上记的预习笔记要边读边进行，以在教材上圈点勾画为主。所圈点勾画的应是教材的段落层次，每部分的要点，以及一些生僻的字句。同时，也可以在课本的空白处做眉批。写上自己的看法和体会，写上自己没读懂的问题和查阅的参考书、工具书等等。

同时，要根据不同学科选择不同的预习方法。预习也不能搞千篇一律，要根据不同的学科特点抓住预习的重点，选择不同的预习方法。例如，语文课首先要扫除生字、生词障碍，再分析段落大意、中心思想及写作风格、手法；而数学课则要把重点放在数学概念、数学运算的掌握上。

第四节　课后重温要复习

一、复习促记忆

学完一节课，并不代表已经学好这节课。在小学阶段教学中，不难发现很多学生在学完一节课后就如释重负，认为已经完成学习任务，不管是否已经真正地理解和掌握，马上就埋头做作业。结果知识不牢固，做作业速度慢，学习效果又不好。正确的学习程序应该是，学完一节课，课后要先及时总结巩固知识，复习已经学过的知识，然后通过练习强化知识的记忆。复习的种类很多，有课后及时复习、日复习、周复习、月复习、期中复习、阶段复习、总复习等。从广义上讲，他们都是课后复习。

复习的作用不可忽视。俗话说："拳不离手，曲不离口。"不善于复习的同学十之八九是学不好的。复习是掌握知识、提高学习能力不可缺少的环节。当然，复习并不是简单地把课本或笔记再看一遍，而是有一定的要求。

记忆的规律告诉我们，人的记忆有三种形式：瞬时记忆、短时记忆和长时记忆。瞬时记忆只能维持极短的时间，短时记忆也只能保持短短的几分钟，知识的积累则是依靠长期记忆。怎样把短时记忆转化成长时记忆呢？那就需要不断地重复，重复在遗忘之前是最有效的。课后复习就是一种有效的重复记忆。

在小学教学过程中，教师要及时有效地引导学生掌握课后重温知识的复习方法，从而更加有效地促进学生记忆力的提高。

二、复习有方法

在学生的小学学习阶段，复习是整个学习活动中的一个必不可少的重要环节。但是在实际生活中，很多学生由于对复习的重要性缺乏正确的认识，加上复习的内容都是曾经学过的，没有新鲜感，导致一些学生对复习活动流于形式，更缺乏正确的复习方法，因此，学习效果自然不佳。

因此，老师应引导学生正确认识复习的重要意义。复习是对前面已经学习过的知识进行系统化的再加工，复习既可以帮助我们巩固知识，也可以帮助我们认清自己学习中的薄弱环节。我们可以根据复习中反馈的信息，再调整自己下一步的学习计划。

首先，教师应指导学生掌握复习的方法，可从以下几个方面着手：

1. 课后要及时把老师讲的和板书的知识像放电影一样，在脑子里过一遍。看看能想起多少，忘了多少。然后翻开笔记进行对照，查找缺漏。

2. 看课本时，要边看边想，对重点、难点要深入思考。分析疑点、深化理解。

3. 及时整理与充实笔记，对知识进行归类，使知识深化、简化、条理化，并按规律去加强记忆。

4. 加强练习。练习一般应在复习后进行，也可边复习边练习。在复习过程中，加强练习，能提高复习效果。

此外，在学生的复习过程中，为了切实提高复习的效果，达到复习知识的目的，教师还应指导学生注意一些复习过程的要求，主要有以下几点：

1. 复习要及时。当天学的知识，要当天复习，决不能拖延。否则，内容生疏了，知识结构散了就要花费加倍的时间去重新学习。

2. 要紧紧围绕概念、公式、法则、定理、定律来进行复习。主要思考它们是怎么形成与推导出来的，能应用到哪些方面，它们需要什么条件，有无其他说法或证明方法，它与哪些知识有联系等等。通过这样的追根溯源，达到牢固掌握知识的目的。

3. 要反复复习。学完一课就得复习一次，学完一章或一个单元，也要复习一次，学习一阶段之后，还要系统总结一遍。到了期末，再重点复习一次。通过这种步步为营的反复复习，形成的知识联系就不会消退。

4. 复习中遇到问题时，不要急于翻阅参考资料或询问他人，要先想后问。这对于学生集中注意力，强化记忆以及提高学习效率很有好处。每次复习时，要先把上次的内容回忆一下，这样做不仅保持了学习的连贯性，而且能够起到很好的记忆效果。

5. 要适当做题。在解题之前，先回忆一下过去做过的有关习题的解题思路，在此基础上再动手做。做题的目的是为了检查自己的复习效果，加深对知识的理解，培养解决问题的能力。特别是一些综合题，既能加深学生对知识完整化和系统化的理解，也能培养小学生综合运用知识的能力。

三、活用知识，复习更轻松

学习的目的就是掌握更多的知识，进而运用知识。作为小学生，虽然我们所学到的知识还不是很多，但也应该活学活用，把所学到的知识应用到我们的日常生活中。因为，将知识与生活中熟悉的事物联系在一起，复习就可以更省力，知识也会掌握得更牢固。

在小学教学过程中，往往有这样的现象：学了英文单词，如果将其束之高阁，过不了多久就会张口忘词了。如果在生活中设法运用，不用花太多力气，却能记得很牢。例如，走在马路上，可以想想"汽车""自行车""街道"用英语怎么说；跟妈妈去超市买东西，试着用英语说出商品的名称；在学校，用英语和同学打招呼、致谢、道歉等等。

又如，在数学课上学了什么是长方形、正方形、圆形之后，辨认一下生活中所接触的东西各是什么形状。学了认识钟表的方法后，可以有意识地多看看时钟，对照一下时间。

不难发现，在学习过程中只要肯这样活学活用，不用花太多的时间和精力，新学到的知识就能牢牢地铭记在心了。

四、自我检测记得牢

在小学学习阶段，学生课后复习过程中的自我检测是学习之后用来检验自己的学习效果和消化知识的有效方法。运用这一方法可以有效地巩固已学到的知识，发现和弥补薄弱环节，纠正不正确的理解，避免一错再错而留下知识上的漏洞。

因而，教师在教学过程中指导学生在复习过程中能够及时有效地进行自我检测，对于提高学生的复习效率，保证学习质量具有重要意义。学生在复习过程中进行自我检测主要有以下几种方式：

1. 随时自测

随时利用可以利用的时间，或把学过的知识复述一遍，或默写概念、原理，然后再与课本对照验证。

2. 阶段自测

学习一个阶段后，认真回忆这一阶段共学习了哪些基本知识，有多少可考点、可变点、关键点以及知识点之间有什么样的纵横关系。在此过程中，首先是把这些知识点一一默写或复述出来，再与课本对照验证；其次是把知识点之间的纵横联系用图表一一列出来，再与系统复习时所归纳的图表相对照。

3. 设问自测

设问自测就是提一个问题，自己回答，务必把握要点，具体规范地严格要求自己。自我回答后再对照课本或参考资料进行验证。

第五节　考试测验难不倒

一、考试、考分怎么看

在小学校园中，广为流传着这样一句话："考，考，考，老师的法宝；分，分，分，学生的命根。"目前，在以应试教育为主导的教学实践活动中，这话说得一点儿也不假。学生在学校学习，就要面对形形色色的考试，大到中考、高考，小到单元测试、摸底考试，考试总与我们的学习生活形影相随。一提到考试，有的学生就不由自主地紧张，甚至感到焦虑、恐惧。出现这样的情况，其原因就在于没能正确地看待考试与考分，也就是把考试和考分的意义看得太重，远远地超出了考试本身。

在小学阶段，考试是教学过程中的一个重要环节，对老师的"教"和学生的"学"都起着重要的调节和激励作用。对于考试，我们不能不加以重视，但是也不能过于重视。考试是对学生在一段时间内学习成绩的检查和评定的重要方法之一。考试过程是把知识系统化、加深理解和巩固提高的手段，也是培养大家思维能力、创造精神，提高学习能力的过程。同时，考试还能够帮助我们发现学习中的薄弱环节，进而有针对性地修订学习计划，改进学习方法，从而提高学习效果。

有的学生由于过分地看重考分，一旦考试失败，便从此一蹶不振，甚至自暴自弃，这是很不可取的。我们应该知道：在人生的道路上，我们每个人都会遇到种种意想不到的挫折和坎坷，学习也是一样，不要把分数看得过重，但也不能抱无所谓的态度。如果考试的分数出乎意料，应通过老师对试卷的讲评，进行反思。考分高时，我们要总结经验，继续发扬；如果考分低，则要反思其中的原因。如果是基础差，"欠账"太多的原因，就应该尽快地把"欠账"补起来；如果是基础知识掌握有缺陷，就要认真复习教材，及时把缺陷补起来；如果是粗心大意，则要吸取经验教训，在平时的学习中，养成一丝不苟的好习惯。

在小学教学过程中，教师只有教育学生合理地看待考试和考分，并在教师与家长的沟通交流中，引导家长理性对待孩子的分数，才能够让学生在每次的考试测验中都得到充分的锻炼，有效地促进学习。

二、考试状态要调整

在小学学习阶段，不难发现一些学生考试迟到、答题慌张、手忙脚乱的现象。究其原因，考前开夜车，临阵磨枪从而导致学生的睡眠不够充足；还有一些学生考试过度紧张，考试期间精力不能有效地集中在答题上，以致考试失败。

因此，教师要引导学生遵守合理的作息制度，保证自己在复习考试的过程中能够劳逸结合。考前应适当放松，调整心态，查漏补缺，但有些学生却认为应把所有的时间都用在复习上，搞得自己十分紧张，还没到考试自己的身体和精神先垮了，有的甚至得了精神衰弱。因此，考前的学习和休息一定要合理地安排。粗略地估计，人的一生大约有三分之一的时间是在睡眠中度过。人之所以需要这么多的睡眠是因为人的身体和大脑需要休息，没有睡眠就没有生命。

心理学家做过这样的实验：让两组同学记忆相同的材料，在他们熟记以后，一组睡眠休息，另一组继续做其他的事情。结果，前一组同学的记忆效果比后一组要好得多。所以，看似浪费时间的睡眠实际上提高了人的学习效率，从长远说是节约了时间。

此外，适当的紧张感会形成一种时间上的紧迫感。增强学生在考试过程中的兴奋性和自觉性，提高注意力和反应速度。很多小学生在考试前都有紧张的情绪，只要控制好度，每次考试成绩都能够发挥自己的实力。所以，维持一定程度的紧张是有必要的，也是正常的。但当紧张超过了一定限度，就会给学生的正常生活和学习带来不利影响，导致考试失利。

三、好方法让实力充分发挥

学生自从进入小学以来，从低年级到高年级，经历了大大小小无数场考试和测验，可谓是"久经考场，身经百战"。但往往总是会有一部分学生考过之后满心悔意：有的学生粗心大意，审题马虎，答题慌乱，以致试卷发下来才发现错题连篇，后悔莫及；还有一些学生答题无轻重先后，基础题匆忙作答，而用主要时间和精力去攻难题，结果基础题未能准确把握住，难题又攻之不克，从而造成考试失败。

因此，针对小学生在考试过程中存在的一系列问题，教师要在教学活动中引导学生掌握正确的考试方法。只有采用正确的方法，才能保证在考试过程中做到成竹在胸，从而让学生充分发挥自己的实力，取得考试的成功。

首先，学会有计划地安排答卷。现在一般考试都是提前 15 分钟发卷，会考试的学生在拿到试卷之后，不会马上动笔，而是抓紧这个时间先大体浏览一下题目，主要是看看题目的类型、数量以及掌握的情况，做到心中有数，有个初步答卷计划。如语文考试，可先看一下作文题，然后在做词汇、阅读部分的过程中也许能想起什么材料，或许有助于作文。浏览之后则开始答题。最后应留 10—15 分钟检查答卷。同时，教师应引导学生有序地进行答题。正常的试卷大多是基础题在前，综合题在后，按先易后难的顺序编排。成绩好的学生依照出题规律，答题时按从头到尾的顺序进行。如果在中间遇到难题"卡壳"，不会停在那里"死抠"而浪费时间。

其次，在考试过程中引导学生掌握仔细审题的好方法。在考试测验中，往往总是好学生在审题上舍得花时间，在他们看来，把题目审清楚，就成功一半了。如果题没审清就草草作答，容易走上"歧路"，再回头想改，既影响情绪，时间也不允许，欲速则不达。在考试答题之前，拿出适当的时间来审题，既能防止出错，又节省时间。好学生所谓的审题包括不漏题，不看错题，审准题，看准全题的条件和要求。要有"咬文嚼字"的功夫，反复推敲。尤其对似曾相识的题目，更要特别注意其中的细微差别。只看题的前半部分，就想当然作答往往很容易出错。

此外，试卷做完后，要进行检查。因而必须抓紧时间答卷，空出检查时间。主要是要检查题目是否有遗漏，答案是否正确。理科试卷有时要检查演算过程，文科试卷中表述题最好快速扫一遍，以防字句错误。由检查发现问题而及时纠正、补救得分的事，是屡见不鲜的。同时，在答题过程中，保持卷面整洁是教师要提醒小学生注意的重要问题。俗话说："美味不能装在一只邋遢的盘子里。"无论谁都喜欢干净整洁的东西，评卷老师更是对一份卷面整洁的试卷由衷地喜欢，这既是对老师表示了一种尊重，更是博得良好印象最直接的方式。

第六章 爱学习从"悦读"培养

　　读书，可以开发智力，可以塑造品格，可以增长知识，可以开阔视野。在小学阶段，老师和家长能够有意识地培养学生掌握阅读的习惯和方法，不但可以丰富学生的知识，还能够在潜移默化中激发孩子的学习兴趣和热情，让孩子从小养成爱读书、爱学习的好习惯。

第一节 读书促学习

有这样一则案例：

瑞瑞小的时候，爸爸就很注意培养她阅读的习惯，在家里墙面上贴了好多挂图，教她识字。瑞瑞上小学后，爸爸又给她买了很多书籍，有寓言故事书、音乐书、绘画本等。

每天晚上八点，爸爸都会抽出时间陪瑞瑞挑选一本书，一起阅读，各种各样的书籍带给了瑞瑞无限的乐趣。在阅读的过程中，瑞瑞不仅认识的字越来越多，而且学习的积极性也在不断地提高。

在学校课堂上学习《赵州桥》时，瑞瑞念上3遍就能记个大概，10分钟后她一字不差地背诵了下来，"这座桥不但坚固，而且美观。桥面两侧有石栏，栏板上雕刻着精美的图案……"不但令同学刮目相看，还受到了语文老师的表扬。

早期阅读一直是个热门话题，它的重要性众人皆知。3—8岁是阅读能力发展的关键时期，9—12岁是阅读能力提升的关键时期。

在这个时期，如果教师和家长能顺应孩子的探究欲望，为孩子提供良好的阅读环境和阅读机会，便能很容易激发起孩子获取信息的兴趣和热情，培养学生热爱阅读、热爱学习的好习惯。

书是人类最好的朋友，阅读带给孩子的积极意义更为显著。

阅读时，眼、耳、口、手、脑五维并用，可以提高孩子听、说、读、写等方面的能力；阅读，可以使孩子涉猎文学、历史、地理、科学、政治等多方面知识，增长见闻，对学习大有裨益；阅读时，书中世界广阔无限、丰富多彩，能培养孩子丰富的想象力和思考力，并且能满足孩子的好奇心和求知欲……

当然，任何兴趣都是需要培养和熏陶的。如果小学生不爱阅读，很大程度上是因为在上学前和上学后，老师和家长没有用心地调动孩子的阅读兴趣。

让孩子爱上阅读是一条激发孩子学习兴趣的有效途径。在这个过程中，老师和家长需要多花一些心思。

一、多带孩子去图书馆

随着网络购物的兴起，上网订购书籍的孩子越来越多。在小学教学实践过程中，教师通过与学生及其家长的沟通，不难发现，许多父母已经没有空暇时间带孩子去图书馆了。殊不知，经常带着孩子去图书馆逛逛，意义和网购大不相同。

因此，教师需要让学生家长明确，让孩子置身于浓厚的阅读氛围中，让孩子亲眼见见人们一起安静阅读的场景，看看五彩缤纷的图书世界，有利于激发孩子阅读的愿望及求知的热忱。

不过，可别以为把孩子带进图书馆就可以"交差了事"了，我们还必须提供引导服务才行。例如，在孩子选择图书时，可以参考孩子的年龄、性格以及需要来提议孩子购置什么样的图书，也可以根据图书馆的书单，找出让孩子一读便终生难忘的好书。

当然，最简单的方法是分享自己爱读的儿童书，让孩子继续享受这份阅读的乐趣。如果不知道从何找起，不妨在搜索引擎上打上"纽伯瑞儿童文学奖"，仔细研究历年得奖好书。

二、选择字大的书给孩子读

目前，市场上一些图书的书页印刷得密密麻麻，孩子不愿意看，阅读速度也慢。而选择字大的书来读，不仅可以方便孩子阅读，而且由于每一页上印的字数少，翻页的速度就很快。

科学研究表明，翻页的速度快，不仅有利于提高人们的阅读速度，而且比那种翻页慢的阅读方式更容易让人理解。孩子的阅读能力提高了，他就很容易体会成就感，激发阅读的积极性，从而对其他科目渐渐产生学习兴趣。

当然，除了字体大外，适合小学生的儿童读物一定要情节简单、图文并茂、趣味盎然，能吸引孩子主动且持续地阅读，内容最好有实际的教育意义。

例如，《绿野仙踪》、《小王子》、《青鸟》等世界著名的儿童文学作品；《一千零一夜》、《木偶奇遇记》、《阿凡提》、《聪明的一休》等童话故事；《大自然的奥秘》、《十万个为什么》等科普类作品，都是很好的适合孩子看的书籍。

三、协助孩子进入书本世界

由于孩子的自制力较差、主动性不强，很少自发地去阅读。因此，在小学教学实践过程中，教师要指导家长千万不要急于将书"丢"给孩子，而是应当陪孩子一起阅读。家长与孩子一起读书，不仅可以活跃阅读气氛，还可以协助孩子进入书本世界。

和孩子一起读书时，家长不要太着急，目不斜视、照本宣科。要知道，没有感情色彩的枯燥语言，没有互动、平淡无奇的阅读过程，只会让孩子失去读书的兴趣。

因此，教师需指导家长最好带着饱满的情绪和情感来朗读，放慢语速，尽量模仿故事中的各种角色的语气。也可以在需要的时候停下来，根据故事的情节线索，向孩子多提几个问题，如"你可以看出大灰狼化装成的外婆和真外婆有什么不一样吗"、"你猜哈利波特是怎样降服恶魔的"等。当孩子说出"下文"时，要适时地表扬他；当孩子回答不出时，可做辅助性引导，这样不仅能激发孩子的想象力，而且还能带动孩子阅读的主动性。

此外，陪孩子阅读完后，不要把自己的理解强加给孩子，要尽量和孩子召开阅读会，讨论书中的内容，一点点引导孩子回顾故事，启发孩子思考。

例如，在和孩子一起阅读完《龟兔赛跑》的故事后，可以问一问孩子："为什么兔子会输给乌龟呢?"这样做不仅可以深入了解孩子的想法，而且可以培养孩子推理、分析和鉴赏的能力。

当孩子把自己所学的知识讲给我们听时，不管他表达得是否具体和正确，都要专注聆听，而且要从语言和表情上体现出你的惊喜和对孩子由衷的欣赏。这样，孩子可以快乐、轻松地畅游书海中，体会尽享学习知识的乐趣，从而爱上学习。

第二节 书中自有黄金屋

一、用好奇心开启读书的欲望

强烈的好奇心能使孩子产生读书的兴趣。孩子只有对读书产生了兴趣，才能从读书中体验到快乐，才会热爱读书，并主动读书。诺贝尔物理学奖得主、美国加州理工学院物理系教授查德·费曼天生充满好奇心，自幼被称为"科学顽童"。他11岁就在家里设立了自己的实验室，在那里自己做马达、光电管这些小玩意儿，还用显微镜观察各种有趣的动植物。当他到普林斯顿大学读研究生的时候，他仍然保持着这样的好奇心。

世界上第一架飞机的发明者莱特兄弟，小时候是一对富有好奇心的孩子。有一次，兄弟俩在大树底下玩，两人产生了爬上树去摘月亮的想法。结果，他们不仅没有摘到月亮，还把衣服都刮破了。可他们的父亲不但没有责骂他们，而且还耐心地对他们加以引导。

在父亲的引导下，兄弟俩日日夜夜为制作能骑上天的"大鸟"而努力。这期间，父亲不失时机地买了一架酷似直升机的玩具送给他们俩，这更加激发了他们对制造升空装置的浓厚兴趣。他们俩不断地查找飞行方面的书籍，学习升空技术方面的知识，翻阅了大量有关飞行的资料。在父亲的鼓励下，经过多次试验，兄弟俩终于发明了世界上第一架飞机。

不言而喻，好奇心能够激发孩子们的读书欲望和热情。著名教育家陈鹤琴曾说过："好奇动作是小孩子得到知识的一个最紧要的门径。"

在小学教学实践过程中，通过教师与家长的相互沟通，教师可以充分理解到，做父母的都希望自己的孩子热爱学习。但是，很多做父母的都爱埋怨自己的孩子不喜欢读书。实际上，很多孩子爱读书的欲望是被父母们扼杀掉了。例如，有些孩子常常缠着父母问"为什么"，做父母的因为自己的知识有限，回答不了孩子的提问，因而对此不耐烦或是恼火，甚至对孩子不予理睬或者训斥。结果导致孩子再遇到问题就不愿再去问父母，甚至不敢去问父母。

其实，孩子喜欢问为什么，是渴望得到知识的一种表现，是学习知识的一种途径，是渴望读书的前奏和萌芽。然而，许多这样的萌芽在父母的不理睬或训斥中枯萎了。其实，我们老师和家长也可以像莱特父亲那样，注意倾听孩子的问题、想法，尊重孩子的观点，积极地引导孩子的好奇心，培养孩子独立思考、到书籍中寻找智慧的能力。这样，孩子就能在不断地发现和思考中增强创新能力。

珍惜孩子的好奇心，满足孩子的求知欲，耐心地给孩子讲解他们在实际生活中所遇到的问题的来龙去脉，编辑成一些有趣的故事，不厌其烦地讲给孩子们听，并告诉孩子这些有趣的知识和美好的故事都是从书上读来的。这样等他到了高年级识字量积累到一定程度以后，就可以自己读这些故事了，从而使孩子意识到书中的美好与神奇。教师和家长还应指导孩子看一些图画书籍，使孩子们对读书有一种美好的向往，从而逐渐引导、鼓励孩子自己去读书。

好奇心是孩子的天性，是值得老师和家长珍惜的。当孩子对新奇的事物提出问题时，我们要认真地倾听并加以引导，尽可能地让他们自己寻找答案。

在小学生的课外阅读过程中，教师应指导家长要时常和孩子讨论问题，并尊重孩子的观点。父母可以在与孩子闲谈的过程中，使闲谈深入一步，转为对某一问题的讨论，讨论的话题应该是孩子感兴趣的。在讨论时，不能把自己的观点强加给孩子，毕竟孩子也有自己的想法，有自己的思维方式。

让孩子自己探索问题的根源，不要轻易地替孩子解答问题。有的父母只是注意丰富孩子的知识，不厌其烦地回答孩子提出的问题，结果使孩子不能很好地开动脑筋积极思考，有的孩子因此而产生了依赖心理。父母应该鼓励孩子开动脑筋，认真思考，动手查阅相关书籍和资料，养成自己寻找问题答案的习惯。

兴趣源于人的好奇心。正因为如此，人们才积极地去探究某些事物和活动，才会产生揭示自然和人类奥秘的强烈愿望。

兴趣是爱读书的重要基础。孩子一接触到自己感兴趣的内容，态度和心情就会变得更加积极、愉快，思维就会更加活跃。著名教育家苏霍姆林斯基说："他们带着一种高涨的、激动的情绪从事学习和思考，对面前展示的真理感到惊奇甚至震惊；孩子在学习中意识和感觉到自己的智慧力量，体验到创造的欢乐，为人的智慧和意志的伟大而感到骄傲。"

二、告诉孩子阅读之中有乐趣

在小学教学实践过程中，教师要及时与家长沟通了解学生的课外阅读情况，教师要让家长了解到：当你的孩子看到你无论读书、看报还是看杂志都是津津有味、兴致盎然时，他就会认为，读书既是学校里的功课，也是大人的一种消遣活动，一定乐趣无穷。否则为什么学校要教书，家长无事也读书，而不是干点儿别的什么？或者是主观能动性的发挥，或者是耳濡目染之故吧。因此，当下雨的星期天不能外出活动时，或是在睡觉之前，或是在不看电视的晚上，孩子也会像大人一样，拿起一本自己喜爱的书阅读起来。

多年以来，美国的教育学者吉姆·特利里斯一直致力于宣扬一个他认为是当今最有效的教育秘诀。他说："不管多么忙碌也要抽空给孩子朗读，因为那是除了搂抱以外父母能给子女的最好的东西。"

但是有些孩子并不喜欢读书，原因是什么呢？

有关研究认为，一个中等智力的孩子，在成长期间，只要让他有机会自由地接触到一些有趣、益智的书，他必然会被阅读的快乐所吸引，很自然地养成读书的习惯。即使这些习惯在成年后，因为环境或生活压力而不能持续，早年自发阅读所积累的文字经验，也至少会使他在写作表达上更加地流畅自如。

在小学教学过程中，教师往往发现许多学生家长常常担心孩子不读书，或只读漫画、脑筋急转弯之类的书。家长会这样担心，当然是关心孩子的阅读内容问题。这是否也因为他们的孩子没能养成较认真的读书习惯呢？家长或许没有想过，为什么漫画一类的读物比自己认可的读物抢先一步获得了孩子的注意力。

这些家长是否在孩子刚开始认字，对文字产生探索兴趣的时候，就使他周围有一些能引导其阅读的书？还是根本就放任自己的孩子每天坐在电视机前打发时间，或跟同学抢漫画书看，玩游戏机？

孩子自发地爱读书的时间极短，在七八岁到十二三岁之间，如果他对文字单纯地好奇和喜爱，不能从唾手可得的书籍中得到启发和满足，过了这个阶段，他的心思便要被其他许多东西所吸引，他的身心会被许多成长的烦恼所占据。家长帮他建立阅读启蒙，以及为他创造的使他终生爱读书的机会，大概也就从此失去了。

三、利用环境激发阅读兴趣

做家长的都希望自己的孩子能多读一点儿书，结合小学教学实践经验来看，无论他们怎么对孩子说教，孩子都显得无动于衷。在孩子的眼里，大人的话是那么的苍白无力，然而，孩子们相互间的影响，比大人的影响更大、更直接。俗话说，近朱者赤，近墨者黑，对孩子来说更是如此。孩子们能彼此给予快乐和力量，他们之间的相互学习，也是人生经验的重要部分。因而，利用环境激发孩子们的读书兴趣，也是一件很重要的事。

在小学教学过程中，教师是充分了解小学生学习心理的，因为孩子们是喜欢读书的，只要有一定的环境和条件。因此，家长应给孩子创设较好的读书环境，如桌椅、书橱、书籍、安静的房间等。在阅读环境上，要舒适、愉悦，这样会使孩子产生积极愉快的情绪体验。

小学教师在与学生家长座谈交流时，可以指导家长在家中空出一个专门让孩子看书的小地方，这个地方可以在一个安静的小角落，例如书房、卧室内等。在这个角落里为孩子放上一个和孩子身高相应的小书架，摆上孩子自己的图书，例如童话传说、儿童画报、名著等。让孩子自由选择感兴趣的书，自由地享受阅读的乐趣。一旦有了自己的书架，孩子就会愿意在自己的书架下停留更长的时间。能够拥有自己藏书的孩子，以后有可能成为一辈子热爱图书的人。

家长也可以在桌子上面铺上桌布，放置一盆盆景，或在地上铺上软垫，放几个小抱枕，在墙的四周贴上与书本内容相关的图片，放置相关玩偶，借此来吸引孩子。

家长还可以和孩子一起讨论要如何布置，并且一起把它布置完成，孩子自己在看书时，也会觉得很愉悦，因为那是自己所布置的，也是自己想要的读书环境。

此外，还应培养孩子阅读后将书籍摆放整齐的习惯，这样易于取阅书籍。为了让孩子更容易找到想看的书或将书本归回原位，可以用颜色将书籍分类，例如红色代表科学类、黄色代表语文类。

第三节　培养阅读好习惯

一、制订合理的读书计划

在小学教学实践中，教师在与学生家长沟通交流中可以发现，有些家长认为孩子读书，只要是有空闲时间，就任由孩子去翻阅，不必花时间去制订什么读书计划，有这个时间还不如多读一本书呢。

家长的想法也许是实际的，但是教师需要在与学生家长沟通的过程中让家长充分了解到，读书是一项艰苦的脑力劳动，要想让孩子能坚持下去，就得有一个计划，有了这个计划，孩子就会按照计划执行，才不至于让孩子读书的目标成为泡影。

顾炎武是我国明末清初著名的思想家和学者。他自幼聪明好学，6 岁时就开始读书并接受启蒙教育，10 岁时就开始读史书和文学名著了。

不仅如此，顾炎武还为自己制订了读书计划：

一是给自己规定了每天必须要读完的数量。他每天都要求自己必须读完几卷书。

二是要求自己把每天所读的书抄写一遍，加深理解和记忆。

三是要求自己每读完一本书后都要写下自己的心得体会。这些心得体会有一部分后来被汇编成著名的《日知录》。

四是要求自己在每年春秋两季温习前半年读过的书籍。他甚至规定自己每天温习 200 页，温习的时候，有时候默读，有时候默写，发现问题，立刻找书查对。

就这样，顾炎武坚持有计划地读书，日积月累，终于成了我国明末清初著名的思想家。

小学生读书，只有在计划的指导下，才能努力按照自己所订的计划去做，才能逐步实现自己的目标。制订读书计划通常要注意以下几个方面：

1. 孩子制订的读书计划要合理

合理的读书计划不仅包括时间的安排上要合理，而且计划的内容也要合理。例如，这一阶段学习了哪些知识，孩子可以根据老师提供的中小学读书目录来安排自己的读书计划。每一个读书阶段，都应有自己的阅读重点，只有有重点地阅读才能有较好的收获。孩子也可以根据自己的兴趣来选择读书的内容，但注意不要"偏食"，那些对于孩子来说不是很喜欢，但对提高孩子的知识储备很有好处的书，老师和家长要督促孩子安排时间来读。

2. 孩子制订的读书计划不应该只有一个

合理的读书计划一般都有短期和中长期之分。对孩子来说，制订的短期计划应该是比较容易完成的。只有在短期计划完成的基础上，孩子才能认真地执行中长期计划，才能使孩子的读书始见成效。

3. 读书计划重在执行

老师和家长在孩子制订读书计划后，一定要督促孩子认真去执行。孩子一般都有惰性，假期开始时，认认真真地给自己制订了雄心勃勃的假期读书计划，可是真正到了执行的时候，又总是借故推托，三天打鱼，两天晒网，到了假期结束时才发现自己几乎没有认真读完一本书。所以，计划的关键之处就在于能按计划行事，计划一旦制订就不要随意更改。

教师要指导家长最好把孩子的读书计划写下来，贴在孩子的床头上，这样可以随时提醒他们。家长也可以把孩子完成计划的情况记到记事本上，抽一个固定的时间和孩子交流书中的内容，这样既可以促使孩子多读书、读好书，又可以让孩子看到自己的计划有没有得到执行、目标有没有达到，同时还能够对孩子的读书起到促进作用。

二、培养学生主动阅读的习惯

把读书当成自己的事情，就会主动调节自己的学习行为，养成主动读书的好习惯。

在伟大的科学家们的成长过程中，往往由于年幼时主动阅读接触到的信息启发了他们伟大的头脑，从而引导他们走上科学探索的道路。

爱因斯坦在其自述中这样写道：

在12岁的时候，我经历了另一种性质完全不同的惊奇：这是在一个学年开始时，当我得到一本关于欧几里得平面几何的小书时所经历的。这本书里有许多断言，比如，三角形的三个高交于一点，它们本身虽然并不是显而易见的，但是可以很可靠地加以证明，以至于怀疑似乎都不可能。这种明晰性和可靠性给我一种难以形容的印象。至于不用证明就得承认公理，这件事并没有让我感到不安。如果我能依据一些有效性将在我看来是毋庸置疑的命题加以证明，那么我就心满意足了。

在12—16岁的时候，我熟悉了基础数学，包括微积分原理。这时，我幸运地接触到一些书，它们在逻辑严密性方面并不太严格，但是能够简单明了地突出基本思想。总的说来，这个学习经历确实令人神往。它给我的印象之深并不亚于初等几何，好几次我感觉到达了顶点——解析几何的基本思想、无穷级数、微分和积分概念。我还幸运地从一部卓越的通俗读物中知道了整个自然科学领域里的主要成果和方法，这部著作几乎完全局限于定性的叙述，这是一部我聚精会神地阅读的著作。

当我17岁那年，作为学数学和物理学的学生进入苏黎世工业大学时，我已经学过一些理论物理学了。

这段自述是我们理解爱因斯坦科学思想形成和发展的重要资料。几何学给年幼的爱因斯坦带来了思维的奇妙性，使他迫不及待地一口气把《圣明几何学小书》读到最后一页。

对于那些伟大的头脑，最有效的事情并不是教他们如何去读书，而是有能够启发他们思维的信息和资源。

在小学教学过程中，要想让学生能主动地去阅读，老师和家长首先是让孩子形成对知识、对学习如饥似渴的需要。只有形成了对读书迫切的需要，才能主动去寻找和发现自己感兴趣的图书资源，才能主动挑战任何学习困难。

对小学生来说，养成主动阅读的习惯，仅仅凭兴趣阅读是不够的。老师和家长应启发小学生带着问题读书，边读书边思考，力求获得最大的收益。

有位妈妈在引导孩子读书时，做得非常好。这位妈妈在给刚上小学的孩子读书时，总把书读得绘声绘色、娓娓动听，引导孩子聚精会神地听。此外，妈妈还利用灵活多样的办法，设法让孩子参与其中。有时候，妈妈在给孩子朗诵的过程中，故意漏掉一个关键词，然后停下来一会儿，等着孩子补上。妈妈有时候也会向孩子提问："现在，你想一想要发生什么事情？"妈妈总是对孩子的回答报以鼓励和赞赏，这给孩子留下了快乐读书的体验。妈妈在读书时，总是把书上的每一句话都认真地给孩子读出来，碰到孩子不太理解的地方，妈妈会停下来，耐心地进行解释，直到孩子彻底明白了才继续朗读。渐渐地，孩子不仅喜欢上了和妈妈一起读书，还学会了自己读书。

那么，怎样主动地、有效地阅读呢？老师和家长可以指导孩子分以下几步走：

第一步，对于一般性的作品，孩子只要读完或了解大致意思就足够了；对于经典的文学作品或自然科学书籍，要反复阅读、揣摩、体味，感受书中的美妙之处。

第二步，遵循作者的思路，以达到与作者的心灵沟通。

第三步，调动自己全部的经验、情感、想象，把自己融于书中。

第四步，在理解书中内容的基础上，引起相关联想，感悟其中深刻的内涵，进而融会贯通，学以致用。

三、培养学生读书思考的习惯

大家也许都知道囫囵吞枣的故事：

从前，有一个人每次看书的时候，都会把书上的文章大声读出来，却从来不去动脑筋想一想书中的道理，他自以为看了许多书，懂得许多道理。

一天，他参加朋友的聚会，大家边吃边聊，其中有一位客人感慨地说："这世上很少有两全其美的事情，就拿吃水果来说，梨对牙齿很好，但是吃多了伤胃；枣子能健胃，可惜吃多了会伤牙齿。"

大家都觉得很有道理，只有这个人为了表现自己的聪明，接着说："这很简单嘛！吃梨子时不要吃进果肉，就不会伤胃；吃枣子时囫囵吞下去，就不会伤牙啦。"

当时，桌子上正好有一盘枣子，他便拿起枣子打算不嚼直接吞下去，但是怎么能吞下去呢？大家怕他噎着，连忙劝他说："千万别吞了，卡在喉咙里多危险！"

其中一位客人说："你读书也像这样囫囵地吞下去，不用头脑是不行的！"

这个人听后不好意思地点点头，说："哦，读书要动脑才行。"

只读书不求甚解，这种阅读方式是达不到积累知识的效果的，让学生学会边读书边思考，才能阅有所得，读有所悟。

古往今来，很多取得成就的人，他们之所以能超越常人，就是因为他们不仅能从书本上获取知识，更重要的是坚持思考。我国古代著名的教育家孔子说得好："学而不思则罔，思而不学则殆。"这其实也是在提醒读书人，光埋头读书而不进行思考，是学不到真正的知识的，而只有边读书边思考，把学与思结合起来，才能悟到真知灼见。

小学生读书不去思考，仅仅停留在文字的表面，没有真正理解知识，该用时不知道如何正确运用，即使读再多的书也只是书虫而已。

第四节　读书有法宝

一、朗诵读书法

古人看书讲究大声诵读，用现代心理学理论来解释，就是尽可能调动读书人的视觉、听觉，让注意力集中在所读的图书上，这样就会大大提高读书的效率。

许多名人都喜欢朗读，俄国 19 世纪的大文豪列夫·托尔斯泰就是一个喜欢朗读的人。在朗读文学作品的时候，托尔斯泰同时在感受着或评判着这篇文学作品的好坏。他认为在朗读的时候，由于加入了情感因素，往往能够更深刻地体会作品的好坏。

托尔斯泰经常在休息、闲暇，或与友人聊天、相处时朗读他所喜欢的一些文学作品。在朗读的时候，托尔斯泰总是非常容易动情，似乎他已经完全融入作品当中，他甚至会在朗读的时候感动得掉下眼泪。有时候，他会边朗读，边加以评说。

1853 年，列夫·托尔斯泰在自己的日记中这样写道："读书，尤其读纯文学的书——要把主要的注意力放在该作品中所表现的作者的性格上。"而他正是通过朗读法来深刻体会作者的性格的。

在我们国家，把"看书"一般叫做"读书"。按字义来说，"读书"就是要把书念出声儿来。我们常用"书声琅琅""抑扬顿挫"这些词语来形容小学生读书的情形。因此，提倡孩子读书一定要读出声音来。

其实，每本书都有自己的"音调"。那些真正优秀的作品，"音调"都像音乐般优美。孩子只有通过大声朗读，才能体味到书中优美的"音调"。

在小学教学过程中，教师要指导学生掌握朗诵的技巧和方法，从而喜欢阅读，热爱学习。小学生在朗诵过程中要做到以下几个方面：

1. 朗读要加入自己的情感

例如，朗读抒情散文时，可以想象自己就是作者，在某种特定的条件下，去体验作者的感受，然后深情地朗读这些内容，效果就会不一样。又如，对于写景的文章，朗读时要想象自己身临其境，这样，记忆效果自然也就好多了。

2. 朗读要反复进行

将要记忆的内容反复朗读几遍，懂了以后，不看内容，再背诵几遍，这样一次一次地进行，记忆效果也会好得多。

3. 朗读要与背诵同时进行

心理学家做过这样的试验：写出 16 个无意义音节，让被试者记忆 9 分钟，然后马上回忆。被试者中全部时间用于朗读的，当时只能回忆 35%；而 1/5 时间用于背诵的，能回忆 50%；2/5 时间用于背诵的，能回忆 57%；3/5 时间用于背诵的，能回忆 65%；4/5 时间用于背诵的，能回忆 74%。同样是对这些无意义音节进行识记 9 分钟，4 小时后再回忆，全部时间朗诵的只能回忆 15%；1/5 时间用于背诵的，能回忆 26%；2/5 时间用于背诵的，能回忆 37%；3/5 时间用于背诵的，能回忆 42%；4/5 时间用于背诵的，能回忆 48%。可见，朗读与背诵最好同时进行。

此外，小学教师也可以指导学生家长选择自己喜欢的文章声情并茂地大声朗读，发挥其感染力，以此来引导孩子。在指导孩子朗读的过程中，既要有严格要求，又要有温馨提醒。这样，孩子既能理解文意，又能感悟出文章的价值所在。

二、笔记读书法

我国著名的教育家徐特立有句名言，叫做"不动笔墨不读书"。阅读时要随时在书上圈、点、勾、画，把要点、重点、难点、关键处标出来。读完一本书或者一章一节，要写读书笔记。

小学生刚开始读书时，不知道做笔记，更不知如何去做笔记，这时候教师不要急着让小学生去动笔，先要培养孩子对读书的兴趣，时间长了，小学生自然而然地就能够学会做笔记了。

鲁迅先生也曾提到读书要"眼到、口到、心到、手到、脑到"，读书动笔能够帮助小学生记忆，掌握书中的难点、要点；也有利于小学生储存资料，积累写作素材。因此，养成做读书笔记的习惯，是提高阅读质量最有效的途径。

1. 摘抄佳句妙语

当小学生读一本书时，会发现里面有一些精彩之处，例如，出色的好句、妙笔生花的比喻等，都是小学生需要记住的。可光靠脑子记不行，过几天就忘了，所以还是要用笔记下来。教师也应该指导小学生，不要什么都抄，而是要摘录最精华的部分，摘录下来的内容要多温习，才能逐渐成为自己习作上的出彩点。

2. 写随感和心得

当然，小学生在读书时，也会有自己的联想。而这些联想、思路，又是十分宝贵、转瞬即逝的，所以要马上动手记下来。如果读一本书，从头到尾没有一点儿想法，没有感到有什么要记要写的，要么是这本书太差，要么就是白读了。

教师在指导小学生写读书心得时，要注意写随感、心得贵在自己有独特的感受和见解，务求不与别人雷同，鼓励小学生敢于质疑书本、质疑权威。

3. 在书上做批注、评点

做读书笔记最直接的方法就是在书上做记号、写简短的批语。这种方法不仅能保证阅读的流畅性，又能培养小学生边思边读的习惯。教师应鼓励小学生在书上写写画画，会在书上做简单的符号，如三角形代表生字难字，圈代表写得好的地方，问号表示不懂的地方等等。鼓励小学生在页眉、书尾处写上自己的感受，可以是几个字，也可以是一段话，多少随意。

4. 资料积累

鲁迅先生还曾提到："无论做什么事情，如果继续积累资料，积之十年，终可成一学者。"教师应鼓励小学生，在读书时尽量多收集资料。资料积累有摘录、做读书卡片等多种方式。刚开始先让小学生做资料剪辑，就是把书籍、报刊上的有用资料剪裁下来，粘在一个本子上，按照一定的规则分门别类地编排在一起。

做了一段时间的资料积累后，教师可以指导小学生把一些内容相关的文章选编在一起，然后分别装订成册，它们就是小学生自己编辑成的一本本书了。小学生通过做这种工作会获得很多乐趣，并且还能够收获不少的益处。

让小学生读书时养成勤于动笔、记笔记的习惯，不仅有利于加深对书中内容的理解，更有利于提高小学生的思维能力和语言表达能力。读书时可以随时在书上根据自己的理解画上不同的标记，也可在书上写下自己的想法或者写心得笔记，让小学生养成"不动笔墨不读书"的好习惯。

三、视听读书法

一提起读书，我们常常想到的是用眼睛去看书上的文字、图片，然后传送到大脑，再通过大脑去分析思维的过程。

读书不光可以用眼睛看，也可以用耳朵听。"视听读书法"实际上是"听读法"与"视读法"的结合，这里的"视读法"主要指影像阅读，而"听读法"则是目前教学着力推广的一种读书方法。

在小学教学过程中，教师要让学生充分认识到"听读"有许多好处。

首先，"听读"可以让小学生在一些无法用眼睛读书的情况下使用。例如，听收音机里的新闻联播、小说播讲、知识讲座等，走路时可以听，躺在床上可以听，坐在公共汽车里也可以听，甚至是在干某些体力活时，比如扫地、叠衣服等家务，也可以边干边听。这样，既可以节省时间，又可以学到知识，真可谓一举两得。

其次，"听读"对于年幼的小学生也是一种很好的阅读方式。年幼的小学生由于识字量的限制，不能够完全独立阅读，因此，"听读"是激发小学生阅读兴趣的一种方法，更是提高小学生识字量和阅读理解力的一种方法。

再次，运用录音机等现代化的学习工具，我们可以教小学生把学习内容，例如英语课文、需要背诵的散文等录下来，然后随时听、反复听，从而加强记忆效果。

最后，"听读"可以缓解小学生眼睛的疲劳，调节视力，从而起到良好的保护视力的效果。

目前，信息技术、激光技术也逐渐运用到图书领域，计算机多媒体、电子图书等的出现，为小学生"听读"提供了方便的条件，而且多媒体技术还为小学生提供了"听读"加"视读"的便利条件。

与此同时，"视听读书法"能以最快的速度让小学生获得许多书本上学不到的知识，是适应现代图书市场的一种新的读书法。例如，对于学习英语的小学生来说，购买一些英语课文的录音带，在老师上新课前听听课文的内容，这样，小学生在上课的时候肯定觉得老师讲得特别好理解。对于喜欢文学的小学生来说，家长也可以购买一些文学听读材料。让孩子躺在床上静静地聆听，在听读中享受文学的魅力。因此，在小学教学实践过程中，教师要指导学生家长在日常生活中多安排一些"听读"和"视读"，调节孩子单调的书本阅读，提高孩子的阅读兴趣。

四、预测读书法

怎样才能引起学生的阅读兴趣，使学生有效地读书呢？有效地读书，预测读书法至关重要。

所谓"预测读书法"，就是对所学的课文不要忙着看到底，在看过课题和开头之后，闭目静思一下，设想这个题目由自己来写，准备怎样组织篇章结构，准备怎样论述，将自己的设想写下来，然后再拿它与原文对照，看哪些地方不谋而合，哪些地方不同，相比之下，作者的写法有什么好处，或自己的见解有何独特之处。这样既能使学生印象较深地学到语文知识，又能锻炼学生的创造力，有益于智力的开发。具体地讲，这种方法有以下四大优势：

1. 有助于学生鉴赏能力的提高

新教材编入的课文中，有一些是培养学生的文学欣赏能力的。如果一开始就把课文直接读给学生听，这无异于"填鸭式"的教学，学生被动地欣赏，思维得不到开阔，对课文精辟的论述印象不深。如果采用"预测读书法"，那么效果就不一样了。

2. 有助于培养孩子们的想象力

想象力的培养，是小学教学活动中必不可少的环节。这样不但能开阔孩子的思维，更有利于培养孩子的创造力。

孩子对漫画是能够看懂的，但是用描述性的语言，准确、生动地加以说明，就不容易做到了。教学时，教师可先让孩子直接看漫画，讨论喻义，口述对漫画的说明。通常情况下，学生往往只注意漫画的表面，而深入不到画的内涵；往往只注意漫画的大概内容，而忽视了一些小的细节，更缺乏几个画面之间的联系。但在此过程中，学生充分地发挥了想象力，再与课文内容加以对照，则可以使学生受益匪浅。预测阅读不但可用于图画，也可应用于课文中的片段分析。

3. 有助于孩子逻辑思维的培养

"预测阅读法"能充分发挥孩子的逻辑思维能力，使孩子的想象在与课文的比较中，实现逻辑思维能力的质的飞跃。在议论文单元中，孩子对立论部分易掌握，但面对驳论部分好像总是无处着手；对教材中的一些课文，用一般的阅读方法，或许不太容易看出亮点在哪里。这时，如果让孩子"预测"一下，读起来会有较深的体会，就能领悟作者高明的驳论技法或高度的思想水平。

第七章　爱学不偏科

在小学学习阶段，学生产生偏科的原因各有不同，老师和家长在引导学生全面发展的过程中，应根据学生的学科兴趣程度采取合理有效的办法，激发学生的学习动力，让孩子爱学习不偏科，养成良好的学习习惯，这对小学生接下来的中学乃至大学的学习都具有重要意义。

第一节 学习"挑食"怎么办

有这样一则案例：

阳阳是一名三年级的学生，性格安静，不爱玩闹。在老师和父母眼里，她都是很乖的孩子。但是，阳阳在学习上的表现却不尽如人意。每次考试，她的语文成绩和英语成绩都在 80 分以上，而数学成绩却在 50 分以下（100 分为满分）。

为此，老师多次和阳阳的妈妈进行沟通。妈妈经常找机会跟阳阳说学习上的事，但每次不等妈妈说完，阳阳就呜咽着说："妈妈，我一点儿也不喜欢学数学，数学课没有意思，而且又太难。"看着女儿诚惶诚恐的样子，妈妈感到既苦恼，又无可奈何！

目前，学习"挑食"，特别喜欢某一门或几门课，成绩很容易就会"拔尖"，不喜欢某一门或几门课，则成绩平平甚至还会不及格，这样的偏科现象在小学教学活动中十分普遍。

对于学生，尤其是正处于初级学习阶段的小学生来说，偏科是一个致命的弱点。因为各门学科有各自的知识内容和知识特点，而且各门学科是相互联系的，是无可替代的。

如果孩子偏科，就会在知识上产生缺陷和不足，例如，如果一个孩子不喜欢学语文，认识的字词少，就会影响阅读能力和写作能力的发展。同时，偏科还会影响其他学科的学习，例如，当一个孩子不喜欢数学，运算逻辑能力差时，还会影响科学课的学习，进而发展为对科学课的不喜欢。

那么，孩子偏科的现象是如何形成的呢？一般来说，受年龄和心理特点的影响，小学生可能会根据自己的兴趣爱好、个人智力原有的发展水平、对任课老师的喜爱程度，偏向或偏离于某门功课的学习，时间长了，就容易出现偏科。

孩子偏科的原因各不相同，因此，老师和家长在对待偏科问题上应具体问题具体分析，对症下药。

一、让偏爱成为学习契机

有这样一则案例：

正上小学的元元和其他男孩子一样，特别喜欢飞机模型，看到别人手里的小飞机，心里就羡慕不已。每次放学回家，元元总是拿出自己心爱的飞机模型摆弄，怎么说他都不愿意写作业。后来，妈妈开始禁止元元玩飞机模型，但是元元的成绩非但不见好转，反而越来越差。

听取了一个朋友的建议后，妈妈开始尝试给元元买各种有关飞机模型的图书，并不时地问元元关于飞机的问题。例如，"这架飞机是什么时候制造的""这架飞机是哪个国家的"……元元能回答上妈妈的问题自然很高兴，妈妈也会夸奖他，但也有回答不上的时候。

后来，为了能正确地回答妈妈提出的各种问题，元元开始留意各种有关飞机的书，查阅各种飞机的相关资料。渐渐地，这种热情也感染了其他学科的学习。

在生活中，当孩子对一些与学习无关或者与学习关系很小的事物表现出很强的热情时，家长们往往习惯不停地给孩子泼冷水，希望把孩子的狂热熄灭，让他们把精力和热情转移到学习上。

但是，这种泼冷水的方法真的就能让孩子放弃自己喜欢的东西，开始爱上学习并用功学习吗？事实上，这种方法是不恰当的，而且结果很有可能事与愿违。

在小学教学实践中，结合教师的教育经验可以知道，孩子们充满了好奇心，让他放弃自己关心的对象就好比让他不要动摆在面前的色香俱备的奶油蛋糕一样，完全就是徒劳，不会有任何效果。

此时，教师要结合学生的学习特点指导家长抓住孩子的"偏爱"，利用孩子的这种狂热心理，引导他们把关心的对象范围扩大，这很有可能成为他们开始喜欢学习的一个契机。

这是因为，孩子和大人一样喜欢得到别人的崇拜。当一个孩子对某事物有所"偏爱"时，他会努力使自己成为这方面的"专家"，他会更加用心地，努力充实、丰富相关的知识。

在这个坚持的过程中，哪怕这些"偏爱"和学习没有什么关系，但是如果老师和家长能够科学地进行引导的话，不仅能扩展孩子的视野，而且还会逐步激发孩子学习的主动性和积极性。

因此，对待孩子的"偏爱"，教师要指导家长切勿盲目地扼杀，而是要学会及时、准确地引导，把孩子的精力渐渐地转移到学习上，让"偏爱"成为孩子学习的契机。

二、学科兴趣引导

兴趣是学习的最大动力。如果学生对某一学科有浓厚的兴趣，就会集中注意力，并且能长期坚持下去；如果学生对某一门课不感兴趣，就会把学习看成是一种负担、一件苦差事，当然也就不愿意学习。

为了避免学生因缺乏兴趣而偏科，教师必须引导学生克服对某学科不感兴趣的心理，培养学生对所学科目的兴趣。

例如，可以明确地告诉学生：各门学科之间是互相促进的，学习不能仅凭自己的喜好，应该树立较为全面的学科意识。否则，时间一长就会影响总体的学习成绩。

又如，可以试着通过让学生认识这门学科对未来发展的重要性来提高学生的学习兴趣。学生若不喜欢外语，可以告诉孩子：外语是学习外国科学技术的工具，掌握好它对自己将来求职非常重要，一定要好好学习这门功课。

19世纪有一个伟大的思想家爱默生，他曾经说过："相信自己'能'，便攻无不克。"而曾经在第二次世界大战中叱咤风云的拿破仑甚至这样讲："在我的字典里，没有'不可能'这个词。"正是没有这个词使得拿破仑南征北战，横扫欧洲大陆。事实上，有不少同学正是由于缺乏学好某一门课的信心，于是就产生了畏惧心理，从而丧失了学习兴趣。因此，要增强对于学习的兴趣，自信是必不可少的。

在小学生的日常学习过程中，老师和家长要不断鼓励孩子增强自信心，激发学习潜力。在自信心的牵引下，学生的学习潜力将会被激发出来，学习兴趣也会随之增强，在学习上的进步自然也就非常的迅速了。

三、消除恐惧心理

日常生活中，每个人都有这样的体会：当害怕做某件事情时，你在解决这方面的问题时就会表现得比较消极，能力也比较弱。在学习上，孩子也存在这样的现象。当孩子害怕学习某科目的，他在这科目上的态度和能力就会比较差。

例如，一些害怕语文的学生一听到"语文"一词就害怕，总是一开始就否定自己，认为自己不是学语文的料。渐渐地，他就真的缺乏这方面的才能了，从而对这门课的兴趣越来越低。

因此，针对这些因对学科存在恐惧心理而不愿意学习的学生，我们要帮助他消除对学科的恐惧心理，提高学习积极性。

例如，孩子在语文课中有一两次成绩很低，对语文课产生了恐惧心理，老师和家长可以问孩子"你为什么没有学好语文呢？""你差在哪里？是自己的作文不好，还是基础不扎实"等，让孩子自己找出原因，减少恐惧感。

又如，孩子不喜欢阅读学习时，可以鼓励孩子拿起课本大声地朗读课文，也可以选择让孩子当众阅读。人的潜力是一种很奇怪的东西，有时候，害怕的事情有可能会是自己的潜能所在，是提高最快、进步最大的领域。

四、乐学，爱上任课教师

小学时期是孩子的独立性和依赖性、自觉性和幼稚性错综交叉的时期。这一时期，孩子的情绪、认识很容易受感觉的支配，挨了某门课老师的批评，心理上不认同某老师等都会让孩子不想学习该老师所教的课程，甚至开始逃课。

有这样一则案例：

期末考试，9岁的马琳数学成绩75分，语文成绩86分，英语成绩35分。妈妈拿着孩子的成绩单，有些生气地问："为什么你的英语成绩这么低呢?"马琳满不在乎地说："我是故意的，我就是要气气英语老师。"妈妈大吃一惊，孩子怎么会这样呢。

原来，两个多月前，英语老师因马琳上课玩皮套，批评了她几句。马琳挨了老师的批评，以为老师不喜欢她，就对老师有了偏见，开始不好好学习英语，并把不学英语作为对老师的报复。

当孩子与老师发生不快或冲突时，家长要引导孩子形成正确的认识——"学习不是老师的事情，而是自己的事情，要为自己的学习负责"。

身为家长，你应该告诉孩子：虽然老师很重要，但是你的学习不是为了老师。千万不要因为老师的一个眼神、一句话、一个动作，猜想半天，产生"老师是不是讨厌我"之类的想法。而且，很多老师对待学生，就像父母对待孩子一样，不存在不喜欢谁、对谁有意见。家长一定要让孩子正确地认识这一点。

同时，还应该引导孩子把老师和老师所教授的知识区分开，一定要让孩子在心里清楚：老师不是完美无缺的，我对老师的印象可以有好坏之分，但我是来学习知识的，老师教授的知识没有好坏之分；我可以离开老师，但不可以离开知识；我可以拒绝老师，但不可以拒绝知识。

当然，在孩子与老师发生不快或冲突时，家长最好的办法就是鼓励孩子找老师好好谈谈，或以书信的方式与老师交流，让孩子把自己的想法告诉老师，让老师有机会了解自己。这样不仅可以增进师生之间的感情，而且良好的师生关系会进一步把"不喜欢"变为"喜欢"。只有当学生真正喜爱任课教师，才能够进一步萌发学习兴趣，产生学习热情，从而摆脱偏科的不良学习习惯，发自内心地热爱学习。

第二节　乐学有秘诀

有过这样一则案例：

三年级期末考试就要到了，班主任王老师看到全班学生每天都在埋头苦学，他感到非常欣慰。

但一周后，小惠同学找到王老师说："老师，我感到学习很累，而且没有一点儿快乐的感觉。现在我一看到书就头疼，一点儿也不想学习，我该怎么办？"王老师对小惠进行了一番鼓励，然后让她先回教室学习。

接下来，王老师开始有意识地观察小惠的学习过程，发现小惠要么捧着数学书一直不放，要么就跟语文书"死磕"。王老师告诉小惠："你的问题在于不会把语文、数学交替着学习。时间长了，学习、自然就变得又累又没有效果了。"

在小学教学过程中，我们经常会看到一些孩子在班级课堂上读书愁眉苦脸，有的学生在家里坐在写字台旁埋头苦学，一学就是几个小时，学习的乐趣全失，越学越没有动力，遇到不喜欢学的科目更是满心厌烦和抵触，从而失去了学习的兴趣和热情。因此，教师和家长必须及时加以引导，教会孩子寻找学习中的乐趣。

一、交替学习快乐多

从科学的角度来说，"交替学习"符合大脑的工作规律。在学习的时候，大脑所主管的视、听、读、写以及记忆、分析等功能区，都处于高度兴奋状态。同时，大脑任何部位的兴奋能力都有一定限度，超过限度就会使原来的兴奋区域减弱，抑制作用越来越强，兴奋就会逐渐变成抑制，使大脑疲劳，出现困倦、头痛等症状，影响学生的学习积极性。

因此，在学习的过程中，我们也不妨让孩子适时地使用"交替学习"的方法，使疲劳的大脑得到很好的放松和休息后，延长孩子大脑的兴奋时间，满怀激情地投入新的学习之中。如果孩子的大脑可以一直保持高度集中，也就很容易达到最佳的学习状态。

为此，当孩子制订学习计划时，教师可以建议孩子在计划中标明交替学习的时段，以每门功课复习 45—60 分钟，中间休息 10 分钟，再复习另一门功课为宜。

1. 同一学科交替学

同一学科内的交替学习，是一种十分有价值的交替学习方式，并已经越来越得到学生的重视。这种交替学习方式，可以帮助学生对知识融会贯通，形成横向的知识网络，并通过比较来促进理解、强化记忆，提高综合运用的能力。

同一学科内交替学习的方式，最典型的表现是在历史知识的学习上。我们知道，历史课本一般是将整个历史划分为一段一段的小时期，同时存在的民族、国家独立成节。交替学习同一时期存在的不同民族和国家的历史，孩子可以初步形成对历史同一时期的印象。

一位妈妈在给自己的孩子讲世界文化发展史时，就运用了同一学科内的交替学习。例如，她周一给孩子讲了 19 世纪 60 年代的俄国文化，周二让孩子学习 19 世纪 60 年代的法国文化，周三她又会告诉孩子同一时期的中国文化。就这样，孩子不仅乐于学习这些文化发展历史，而且还能够完整、系统地理解 19 世纪 60 年代的文化历史发展情况。

2. 文科、理科交替学

有这样一则案例：

作为某小学全班第一名，王磊在班级学习交流会上这样说："以前，我是一个不会学习的孩子，常常一小时做语文、一小时做数学。但是，效率非常低，我会感到厌烦。后来，在爸爸的指导下，我开始文理科交叉学习。做半小时数学题，我会阅读 10 分钟语文，记生字、背课文都可以，然后再做半小时左右的数学题。这种学习方法的效果很明显，我的学习热情也一直很高。"

通常情况下，人的左半球大脑侧重于逻辑与抽象思维，右半球大脑侧重于形象思维。倘若长时间学习同一内容，必然会使大脑皮层某一区域的神经细胞负荷过重，形成大脑区域疲劳。如学习语文时，右半球大脑皮层会形成兴奋点。随着学习时间的延长，右半球大脑皮层持续兴奋，就容易超负荷工作，出现疲劳感。

同时，由于大脑在记忆相似的内容时，往往受顺向抑制（原有的记忆会抑制后来的记忆）和逆向抑制（后来的记忆抑制原有的记忆）两种现象的干扰。一旦长时间、大量记忆相似内容，顺向、逆向抑制交互作用，就会使记忆消除，出现记忆迟钝的现象。

因此，在学习过程中，教师可以引导学生把文理科的课程交替学习，这样的做法不仅能使大脑皮层中的兴奋，从一个区域转到另一个区域，使紧张工作的大脑左右半球轮流休息，消除疲劳；而且，还可以避免前后的学习内容相互干扰，实现两科互相促进的学习。

例如，在做理科习题时，为避免出现越学越无趣的情况，应该让孩子学习一段时间后，及时调换学习内容，可以复习文科类科目，记英语单词、做语文作业等。

3. 重点学科分段学

有这样一则案例：

田亮是学校有名的英语"高手"，虽然他只是一名五年级的学生，但他的口语、听力和笔试成绩都非常好。

原来，在进行英语学习时，田亮的父母从来不要求孩子拿出一两个小时全来学英语，而是鼓励孩子分段学习。例如，在神清气爽的早晨，着重练习英语口语；中午休息时听一听英语听力；上晚自习时，做一些阅读理解、英语作文等。

人的大脑在接受某一类新信息时，前半个小时最兴奋、最活跃，学习效率最高、效果最好。超过 30 分钟则开始下降，如果这时候继续学下去的话，效果会大打折扣。

因此，对于小学生的弱项和需要下大力气的科目，可以引导学生把每天的学习任务分成几段时间，分别进行学习，这样不仅可以在单位时间里延长学习时间，而且能够实现各门课程之间的平衡发展，相比连续学习的效果更好。

二、学科乐趣深挖掘

在小学教学过程中，不同的孩子由于心理特征、智力水平以及兴趣爱好存在的差异性，对于不同学科的学习热情大不相同，因而在课堂学习以及家庭辅导过程中，教师和家长要针对孩子的兴趣点逐步引导孩子寻找不同学科的学习乐趣，在不断挖掘的过程中激发学习热情，体验学习的乐趣。

1. 喜欢的科目优先学

英国有一所学校采取了这样一种开放式的教学方式。每天早晨，学生走进教室后，可以最先学习自己最想学的科目，而这些学生们最想学的科目往往都是他们最喜欢和最擅长的科目，因此学起来也是又快又好。等他们三两下就把功课做好之后，心情自然非常舒畅，大脑的兴奋度也就提高了，这时候再转入学习其他不感兴趣或是不擅长的科目也就更容易接受和掌握了。外国小朋友们的学习方法，很值得我们借鉴。

2. 不感兴趣的科目简单学

每个学生都有自己不喜欢，甚至讨厌的科目，在做这些科目的作业时，自然也是不情愿、不愉快的。但作业终归还是要做，只好逼着自己去做不喜欢做的事。由于没有兴趣，缺乏激情，不仅效率不高，而且还会觉得非常痛苦，久而久之，对那些不喜欢的科目更是深恶痛绝，以致当学生自己看到这门课的课本时就不自觉地感到头疼和困乏。

其实，在小学生的作业环节中，碰到自己不感兴趣的科目，通常可以从简单的题目和容易理解的知识学起。其实，那些学生自己不感兴趣的科目并不难学，里面的一些问题也并非都是难题，只是因为不想学，容易的也就变成非常困难的了。如果我们能够先把那些简单的知识攻克了，就会充满信心地对自己说："原来这也不是想象的那么难啊！"从此便不再反感这门课程了。然后步步为营，在简单知识的基础上进一步向困难的部分进军。这样，学生的态度就会渐渐发生转变，对从前讨厌的科目也会渐渐地喜欢起来。

第三节　识字写作，我精通

一、病历卡片助识字

"这个字上次就写错了，这次怎么又错了呢？真是气人。"在小学教学过程中，常常听见有的学生看着老师刚批下来的作业本唉声叹气。对于错字，我们就真的没有办法了吗？结合教学实践经验，教师可以引导学生为错字建个病历卡。

每次老师发回的作业本、试卷，都应该指导学生认真细看，凡是出现的错别字，就为它建立一张病历卡，写下错误的原因以及防止再次错误的办法，然后把正确的字工工整整地写在旁边。一张一张的病历卡建好之后，可以让学生把它们订成一个小本子，经常拿出来看一看、写一写，这样就可以有效地改掉错字了。

二、词语理解有讲究

在小学课堂上，如果学生解释"浅显"这个词，有的小学生可能会认为是"浅近明显"；有的可能会认为是"简单明白，容易懂"；有的可能会认为是"易，不深奥"；有的则可能会认为是"形容字句、内容好懂，程度不深"。但事实上，这四个解释都正确。这样一来，学生就会挠头了：为什么同一个词语会一下子冒出来那么多五花八门的解释呢？让我们一起来分析其中的原因吧。

"浅显"这个词拆分成"浅"和"显"两个字，一个一个地解释，答案就是"浅近明显"；如果把这个词看成一个整体，连在一起解释，答案就是"简单明白，容易懂"；找出它的近义词和反义词，用近、反义词说，答案就成了"浅易，不深奥"；要是根据词语在句子中所能起的作用来说它的意思，那么又可以解释为"形容字句、内容好懂，程度不深"。

可见，用不同的方法解释同一个词，就会出现不同的答案。但需要注意的是，我们在小学课堂上指导学生选择什么方法解释这些词语，应该根据该词语本身的特点以及对于解释的不同要求来决定，关键是要学生能够准确地领会词义。为此，一般说来，最好能够先查一查字典，弄清词义，免得犯望文生义的毛病，同时还要注意，"词不离句"，同一个词在不同的句子里有时也会有不同的含义。

三、积累词汇百宝箱

汉语中比字更大一点的语言单位是词，我们日常说话时多以词为基本单位，而很少是单个汉字。一个词汇量大的学生往往口才和书面写作的水平都较高。因此，扩大词汇量对于小学生来说很重要，也很有意义。教师在教学过程中可以引导学生从以下几方面着手，扩大自己的词汇量。

1. 积累课文中的词语

我们在小学课堂上所学的课文都是专家们精心挑选的，里面有许多规范、优秀的词语可供我们学习、积累。在学习一个单元后，可把所学的词语收集整理一下，分门别类地收入词语卡中。这样，复习课文和积累词语两不误。

2. 在课外阅读中积累词语

课外阅读为小学生提供了更广阔的收集词语的天地，平时多读一些健康有益的书籍，包括经典的童话、故事、诗歌和优秀的作文集，以及报纸杂志等，边读边记录，把课外书中优美、动人、富于时代感的词语坚持不断地记录下来，天长日久便可积少成多了。

3. 利用工具书积累

《成语词典》、《新华字典》、《现代汉语词典》、《分类成语词典》等工具书是规范词语的专门集子，平时经常翻看，在写作和发言时自然可以"信手拈来"。

　　4. 从大众语言中积累词语

　　人们在日常生活中往往会有些新鲜、别致、富有创造性的口头语。这些语言是书本中难以觅到的。因此，多留心人们的言谈也是积累词语的一个好方法，小学生能够将这样的语言应用于作文中，会使自己的作文富于生活气息和创造性。

四、阅读不忘学写作

　　"书读了不少，可为什么作文还是写不好呢？"这是很多小学生感到困惑的地方。其实，主要的原因是大多数学生不知道应该怎样通过阅读来学习写作。因此，教师应引导学生掌握恰当的阅读和写作方法，对提高学生的写作能力和作文水平一定有所帮助。

　　1. 从阅读中学习作者的观察方法

　　从阅读中学习观察方法主要是学习三个方面的内容，即观察顺序、观察重点、观察的具体方法。观察的具体方法，主要是指作者是通过哪具体的手段进行观察的。每一篇文章，内容不同，写作方法不同，从中所表现出来的观察方法也不同。即使是内容相近的文章，作者所用的观察方法也不一样。因此，在学习过程中要注意仔细区别。

　　2. 从阅读中学习作者的选材和组材方法

　　不管是哪种体裁和哪种类型的优秀文章，只要学生认真读过几遍之后，就能抓住这篇文章的主要内容和中心思想，其原因就是作者能紧扣中心选材，重点突出。在阅读中，教师应引导学生在自己的脑子里要多打几个问号："作者为什么要选择这些材料来写？""这些材料与文章的中心有什么关系？"从中体会到选材的方法。

　　3. 从阅读中学习作者遣词造句的方法

　　阅读时，学生除了要学习作者的观察、选材和组材的方法外，还要学习作者是怎样运用准确、丰富的词汇和精练、完整的句子来表达中心思想的，这一点非常重要。对于一篇作文来说，语言犹如外衣，只有漂亮、精练的语言才能吸引人，才能达到预想的表达效果。

五、做勤快的小写手

俗话说："拳不离手，曲不离口。"只有勤加练习才能"熟"，只有"熟"才能生巧；也只有在反复的训练过程中，才能获得熟练的技能技巧，作文又何尝不是这个道理呢？只要勤动笔，多练习，写作文就不再是让小学生头疼的难事。因此，教师应引导学生勤于写作，多加练习。

首先要认真上好作文课。一个学期，一般要写十二三次大小作文，这是老师根据教学大纲的要求，从教材实际出发，制订的教学计划。每一次作文老师都应提出明确的要求，进行具体的指导，还要细致地批改评讲，通过作文课有计划、有目的地提高学生的写作能力。因此，学生应在作文前，专心听老师辅导，根据作文的需要，准备材料编写提纲；写完作文，要读几遍，推敲锤炼；作文发下来以后，根据老师的批语，认真修改，及时总结每一篇作文的经验教训。可以说，这是小学生提高写作能力的重要途径。

此外，教师还应引导学生重视那些"不是作文的作文"。例如，各科作业中的问答题，不要满足于写几条干巴巴的要点，答对即可，如果时间允许，可以尽量写成一篇有头有尾、层次清楚、中心明确的短文；对于平时学习、思想的总结，也不要寥寥数语，应付交差，最好是编一个作文似的提纲，有了清晰的思路再运笔行文。

通过不断地练习积累，小学生能够在熟练精通的过程中，逐渐取得成绩，进而热爱学习，喜欢写作。

第四节　解题计算，我能行

一、数学思维有方法

在小学阶段的学习过程中，一部分孩子不爱学数学，很大程度上是因为不懂得运用数学思维对待学科问题。数学是一门逻辑性很强的学科，要让孩子爱上数学，首先要掌握正确的数学思维方法。

1. 举一反三法

课本中的例题，往往是最基础、最有代表性和最能说明问题的题目。指出了教材的重点，反映了对于知识掌握最主要、最基本的要求。教师在引导学生对例题进行分析和解答后，应注意发挥例题以点带面的功能，有意识地在例题的基础上进一步变化，可以尝试从条件不变问题变和问题不变条件变两个角度来变换例题，以达到举一反三的目的。学生学会了举一反三的方法，有利于加深对知识的理解和灵活运用。

2. 一题多解法

小学生在平时做题的过程中，不应仅满足于掌握一种方法，而要多想想，这道题还有没有其他方法能够解答，也就是说，要尽量"一题多解"。在数学学习中，力求一题多解有助于培养小学生沿着不同的途径去思考问题的好习惯，由此可产生多种解题思路，同时，通过"一题多解"，还能找出新颖独特的"最佳解法"。因此，在数学学习中必须注意题目解法的多样性，培养学生善于比较、提炼最佳解法的学习习惯，以达到优化解题思路的目的，同时也能让小学生的思维更活跃。

3. 比较归类法

数学学习中，还有一个重要的思维方法，就是比较归类法。对于相互关联的概念，教师应引导学生从不同的角度进行比较，找出它们之间的相同点和不同点。例如，平行四边形、长方形、正方形、梯形，它们都是四边形，但又各有特点。在做数学习题的过程中，还可以指导学生将习题分类归档，并集中力量解决同类题中的本质问题，总结出解这一类问题的方法和规律，从而使得练习可以少量而高效。

二、开动脑筋，把题做透

数学题，历来是讨厌学数学的学生的大麻烦，成为让学生爱上学习的拦路虎。在数学学习上，教材是根本，教师应指导学生在学习时一定要注意深入挖掘课本的习题功能，充分发挥其作用。解题时不要就题论题，不要题目解完了思路就断了，而应该把思路延伸下去，从习题的各方面进行类比、联想、推广，从而不断地开动脑筋，把题做熟做透，逐渐克服数学题的障碍。

1. 课前轻松读例题

上课之前要认真预习将要学习的内容，对其中的例题逐字逐句通读，力求在头脑中留下印象。碰上简单易懂的内容可以一带而过，遇到复杂难懂的地方也不应过于着急，用笔做好标记，留待上课时解决。要学会适时放下问题轻装前进，否则在浪费时间的同时，徒增畏难情绪，还可能为学生以后的学习设置心理障碍。这里，教师应指导学生注意以下几点：

首先，掌握课本上的方法后，注意一法多用。

其次，琢磨书上例题是否能一题多变。把课本上的题目进行变通，既能激发探索兴趣，又能提高求同思维和求异思维的能力，从中尝到无穷的学习乐趣。

再次，除了对课本上一些比较重要的习题，或综合性较强的题目采用一题多解外，还可对一些看上去是平淡无奇的习题也作一定的努力，看是否能有别的解法。

2. 课堂主攻例题

人的注意力不可能长时间高度集中，老师在课堂上所讲的内容对不同的学生来说难易程度也不同。上课时教师应指导学生做到有张有弛，"劳""逸"结合（"劳"即注意力高度集中，"逸"即注意力相对集中），把握住老师讲课的节奏。简单易懂的可以轻松跃过（必要时也可精神溜号，思考某个问题或者记忆本节课要求掌握的定理、公式），主要精力要放在自己预习时所标注的难点上。讲到重难点时，老师往往会加重语气、放慢语速、适时重复，学生可以抓住老师如何讲课的特征，及时"聚焦"注意力，一个字也不错过，看老师分析、比较、归纳、综合，如何联系以前学过的知识，如何融会贯通、举一反三。画龙点睛之处要打起十二分的精神，比如容易出错的地方，正负号的运用等。小学生只有在学习过程中认真抠例题，才能真正理清例题的解题思路，掌握重点，把握难点，为解题能力的提高奠定基础。

3. 课后分析看例题

学生在课堂上把例题弄懂了，并不说明就已经具备了解题能力和知识迁移能力。课后还需要从一个新的角度重新审视、分析例题。由于新知识的掌握、知识面的扩展以及老师的引导、点拨，再看例题时就对难点有了不同的认识，进入了更高的层次。对题中基础知识的运用、分析、推理方法的选择都会有更深的理解。例如，在做几何证明题时，通过看例题，可以分析该题涉及哪些前面学过的知识，看还有没有别的（利用其他辅助线、定理）解题方法。如果课后不看例题，思维就会停留在一个浅层次，无法完成由浅入深、由表及里的转化过程。

4. 作业推理识例题

做练习是运用知识解决问题、提高能力的最重要最有效的方法，也是学好数学的关键。小学生在做作业时首先要识别题型（即这道题属于本章节所讲例题的哪一类型）；其次要回忆书上是如何解题的；再次分析有几种解题方法；最后明确哪一种方法最简便。需要特别指出的是，在识别题型时还要仔细回忆具体的解题步骤，如果识记不清或对以前学过的例题产生了遗忘，要不惜时间去翻阅、分析、记忆。通过做练习综合所学知识，分析所见过的题型，牢记解题步骤、方法。

三、计算查错很关键

在小学生进行数学计算过程中，马虎错误在所难免，教师和家长要及时引导孩子在计算的同时养成自查错误的好习惯，从而提高解题的准确性，激发学生求胜欲望，让孩子喜欢计算，喜欢数学。

1. 在解题时，步步用概念查错

解题过程中离不开概念，因此，弄清概念是查错的前提。例如，一种农药，药液与水重量的比是 1∶500，求解：

（1）5 千克药液要加水多少千克？

（2）如果要配制 8000 千克药水，要用多少千克药液？

解这道题时，为了防止可能发生的计算错误，必须弄清"按比例分配"和"正比例"这两个概念的联系和区别。

2. 发现题目解错后，应回头重新审题

小学生在进行第二次审题时，应重点审读题目中的已知量、关系句、重点词，边读边问自己，哪些量之间有什么关系，可以用来求出什么量，自己第一次错在哪儿等等。尤其要注意一些容易混淆的词句，如"增加了"和"增加到"，"多几倍"和"是几倍"，"比……多"和"比……少"，"比……的几倍多"和"比……的几倍少"等等。只有认认真真弄清已知条件，找准标准量，弄清倍数，才能建立正确的数量关系，从而列出算式，解出题目。

3. 对一些常见错误进行判断和选择训练

小学生在学习过程中，如果能够做到经常进行这方面的思考，可以有效防止犯相同或类似的错误。

例如，铺一块地，用边长 0.3 米的方砖需要 576 块，如果改用边长 0.4 米的方砖，需要多少块？

解法如下：

设需要边长 0.4 米的方砖 x 块，$0.4 \times x = 0.3 \times 576$，$x = 432$。

此解法对吗？为什么？其实，此解法的错误就在于把"边长"和"面积"的概念混淆了，在这块地的面积一定的情况下，应该是方砖的面积与方砖的块数成反比，而此解法误认为方砖的边长与方砖的块数成反比。正确的解法应该是：

解：设需要边长 0.4 米的方砖 x 块。

$$0.4 \times 0.4 \times x = 0.3 \times 0.3 \times 576$$

$$x = 324$$

通过这样有针对性的训练，小学生可以更加灵活地进行解题和计算，从而有效地避免一些常见的解题错误。

第五节　单词口语，我擅长

一、单词记忆有诀窍

很多小学生对于英语单词的记忆感到非常困难，觉得记的没有忘的快，所以唯一的办法只有一味地死记硬背，这样做不但效果不明显，而且容易产生厌倦之感。其实英语单词的记忆也是有诀窍的，只要掌握了这些诀窍，记忆起来就会觉得轻松了许多。

1. 全身心记忆法

教学研究结果表明，如果我们身体部位和一些器官参与记忆单词越多，单词在大脑中的印象就越深刻，记忆的时间也就越长。

边读边写边记，除了读记所使用的发音器官和身体的其他部位外，大脑中枢还要指挥大臂带动小臂，小臂带动手掌，手掌带动手指，从而正确地书写单词。这种方法避免了"小和尚念经"——只读不动脑的方法，因为一旦注意力不集中，书写就会马上出错。书写既是大脑中枢的执行行为，又是大脑中枢的监察器。

2. 联系记忆法

所谓"联系记忆法"也就是不去孤立地记一个词或词组，而是把它与同义词、反义词以及相关词、句、篇等联系起来记忆。"联想是钓钩，在茫茫的艺海中，它能准确地钩住你所识记的事物。"联想越丰富，越多彩，记忆的艺术也就越高超。

3. 无意识记忆法

无意识记忆并不是无注意力记忆，而是时间分散记忆：首先准备一个袖珍笔记本，将要记忆的单词写在笔记本上，只要有时间就拿出来读一读。长此以往，学生就会轻易地把单词记住，因为每读记一遍，就在自己的大脑中加深一层印象。这样记忆的单词可长久不忘，并能随时想起，是一种很好的长时记忆法。但这种方法一定要养成习惯才能有效。

另外，利用课堂活动记忆单词也是很好的方法，例如，通过小学生集体做游戏，在轻松愉快的气氛中就能将一些单词记住。

总之，单词记忆的方法有很多种，每个人的情况不同，对甲适合的方法不一定对乙适合。所以，教师应引导学生选择或总结适合自己的方法，这样才能事半功倍。但有一点是必须要记住的，词汇只有在运用中才能真正掌握，也就是说，必须多听、多说、多读、多写才能真正记住自己想记的词汇。

二、语音语调很重要

小学生在刚开始学习英语的时候一定要重视语音和语调。发音、语调、重音和停顿等，虽然不要求做到完美，但应尽量做到基本正确。否则，就会影响到日后听力和口语的学习，致使学习英语失去了本来的意义。为此，教师应引导学生做到多模仿、多朗读、多复述、多背诵，惟其如此，才能真正地学好英语和应用英语。

模仿和朗读对小学生学习英语有着特殊的重要意义。英语和我们的汉语属于两种不同的语系，从语音方面，我们中国人学习英语存在着一定程度的困难，诸如发音器官的不习惯；读辅音连缀时容易"加音"；不习惯使用升调，致使升调把握不准；腔不正音不圆；朗读缺乏节奏感及语音读起来生硬等等。正因如此，学生在口语训练中，更应特别注重模仿，只有多模仿，多朗读，才能改进语音、语调。

在英语学习过程中，虽然通常提倡模仿英美人的语音语调，但也没有必要一味地追求洋腔洋调，重点应放在发音正确、吐字清楚、发音自然等这些技能的训练上。朗读时应有意识地以磁带里的语音、语调方式去朗读。在朗读时，教师可以引导学生把自己的声音录下来，认真听一听，这样能够找出差距，容易发现自己的弱点和缺点并加以改正。通过模仿、朗读、背诵，不但能够学习比较纯正的语音语调，同时还非常有利于培养学生的英语语感。

练习口语，特别是在缺乏真实的语言环境下练习，教师应指导学生多复述、多背诵一些课本上的文章，才能达到很好的训练目的。

很多人在运用英语连续交谈的时候常见的困难之一是"有话不会说"，究其原因，主要是语言基本功不够，而要有扎实的基本功，就需要学生多掌握一些基本的交际用语，即熟记一些功能表达方法，基本句式和常用句型。复述和背诵能帮助学生熟练掌握常见语言功能项目。英语口语较好的学生可以用自己的话复述朗读过的、听到过的或阅读过的材料，也可以完全摆脱原文重新组织内容；口语较差的学生可以先用原文的句式，慢慢转入用自己的话表达，即先背诵，后复述。

句型操练、朗读、背诵和复述等半机械性练习方式能够帮助学生熟记语言结构和形式，为在真实情境中能够自如地运用英语打下良好的基础，复述还有助于培养我们良好的说话习惯，讲起话来更加流畅。

三、音标学习不能少

在小学英语教学过程中，教师应注重学生英语音标的掌握情况。因为要想学好英语，正确的发音是基础，而音标恰恰是发音的基础。许多学生学习了很长时间的英语，却始终没法开口，就是因为发音不正确，从一开始就没有把音标的基础打好。

音标是记录音素的标写符号，它是研究语音和记录语音必不可少的工具。根据使用范围的不同，可把音标分为两种，一种是适用于某一种语言的，如汉语拼音只适用于汉语，俄语的斯拉夫音标适用于俄语，英语的韦氏音标适用于英语；一种是世界通用的，可以用来记录人类所有语言的语音系统，比如国际音标，就可以记录描写世界上所有的语言，我们现在学习的英语音标就是国际音标。

作为小学生，在学了一年英语之后，最好就开始学习音标，这样对于提高口语听力能力很有效果。如果不学音标，一味跟着老师认读，单词的学习也变成死记硬背，影响自学能力。因而学音标，充分利用音标的规律性，从小培养准确的发音，才能为下一阶段的英语学习打好基础。

学习音标，首先要破除对它的神秘感，同汉语拼音一样，音标不过是一套配音符号。汉语拼音有声母和韵母，而音标有元音和辅音。教师可以引导学生把汉语拼音和国际音标对照排列起来学习，看看它们相同的地方和不同的地方，这样便于掌握。比如声母和辅音，国际音标同汉语拼音有差异也有相似，普通话 22 个声母，只有 f、m、n、l、S 五个与国际音标书写相同，其余十七个都不同。有些差别很大，有些只是附加符号的差别，归结起来是同音不同形，同形不同音。

掌握英语的音标，对于小学生来说，较难的音标可以用相近汉字的发音代替，然后像汉语拼音那样学会拼音，最后慢慢地根据音标正确读出这个单词的发音。在练习音标的同时，要掌握一些较短的句子，例如，口语要素。然后再根据不同的语言环境用不同简短的句子进行训练。此外，教师和家长还可以引导学生看一些有趣而简单的少儿英语节目，营造良好的学习环境。

四、口语突破有妙招

口语通常是学习语言时的一大难关，不少小学生不爱学英语，很大程度上是由于英语口语表达吃力，打消了学习的兴趣和热情。因此，在小学英语教学过程中，教师要逐步引导学生勤说勤练，只有达到熟练的程度才能流利顺畅地脱口而出。

语言学习离不开模仿，从语音到语调、句式的不断模仿积累，才能够练习出纯正、优美的英语口语。因此，教师可以指导学生从以下几个方面着手练习：

第一步，模仿语音。模仿时要一板一眼，口型要正确。刚开始模仿时，速度不要过快，用慢速模仿，以便把音发到位，待把音发准了以后，再加快速度，用正常语速反复多说几遍，直至不用想就能用正常语速把句子轻松地说出来（脱口而出），对于读不准或较生疏的单词要反复多听几遍，然后再反复模仿，一个单词一个单词地练，在那些常用词上下工夫，尽量模仿得像一些。

第二步，模仿词组的读法。有了第一步的基础，模仿词组的读法就容易多了。重点要放在熟练程度和流利程度上，要多练一下连读、同化等语音技巧。

第三步，段落及篇章模仿，重点在于提高流利程度。打开录音机或收音机跟着模仿，目的要提高口腔肌肉的反应速度，使肌肉和大脑更加协调起来。

教师在指导学生进行模仿练习时要注意一个问题，就是学生的害羞心理。害羞心理一方面缘于性格，一般性格内向的人，讲话时易小声小气，这对学习英语语音语调很不利，要注意克服；另一方面是缘于自卑心理，一些小学生总以为自己英语水平太差，不敢开口，尤其是当与口语水平比自己高的同学对话时，更易出现这种情况。因此，在英语学习过程中，教师应积极引导学生克服这种心理障碍，心理障碍的消除是保证小学生学好口语的前提。

第六节　品德科学，我要学

一、社会生活大道理

我们每个人从呱呱坠地开始，就生活在社会里，从接触父母，到接触邻居、朋友、老师，走进社会，就像对自然现象感到好奇一样，我们也对社会文化现象产生了兴趣，因为我们每天生活在社区里，离不开家庭、邻里、学校，每天读报纸、听广播、看电视、亲历自己居住的地方发生的事情，关心从遥远的地方传来的消息。我们就生活在这样一个实实在在的世界里。然而，即使面对最熟悉的人和事，我们也有许多问题一时找不到答案。例如，为什么城市和乡村有许多差别？为什么不同的地方会有不同的语言和不同的风俗习惯？为什么我们和长辈之间总对一些问题有不同的看法？为什么人们把多余的钱不是放在身边而存入银行？为什么社会中人与人的交往会有那么多的规则？

小学生在面对这些问题时，都能够在品德与生活（社会）课上寻找到答案。作为一名小学生，培养自己的实践能力和健全的品格，是必不可少的，品德与生活（社会）的课堂正为我们提供了这样一个学习和实践的平台。

在历史发展的长河中，曾经涌现出了一些我们所熟悉的大学问家。他们都能够很好地把书本知识与实践相联系起来，正如前面提到的我国明末清初著名的思想家、语言家顾炎武就是一个典型的例子。明朝灭亡后，他大部分时间都在地方活动，考察山川形势、政治经济、文化风俗。每次出行，他总是用二骡二马载书，经过边塞、关哨、山川时就向当地的老百姓询问和了解一些知识和地方的民俗风情，如果所听到的跟以前所学的不相吻合，就打开书籍对照，加以观察思考。经过长期积累，他终于有很多新的发现，并写出了《日知录》等传世之作。他的这种注重实学的作风，在今天仍然对我们的学习有很重要的意义。

因此，在小学教学活动中，引导学生转变"死读书"的这一不利局面是非常重要的，需要我们更新学习观念，不光从书本上读着学、课堂上听着学，还要学一些课堂之外、学校之外的知识。因为，现今社会高速发展，我们必须要学会适应这个社会，进而改造这个社会。作为小学生，我们的心态还没有真正成熟起来，是非观念也还比较模糊，通过道德与法治课的学习，可以使学生掌握丰富的社会科学知识，懂得明辨事理，进而更加全面、健康地成长。

二、品德与生活、品德与社会怎么学

道德与法治课是小学阶段一门集社会生活实践与品德理论知识于一体的重要课程，其中起主导作用的是社会实践。因此，教师在教学过程中应引导学生遵循以下几个原则。

第一，要善于听讲。小学生在学习过程中，要努力做到深刻理解并掌握老师上课提到的理论知识点、重点、难点。要知道，如果没有理论做基础，就没有社会生活的实践，就算有也是盲目的实践。例如，一些学生连七大洲、四大洋都不知道，又怎么能够画好一幅世界大陆分布简图？

有这样一个更实际的例子：一些学生上课不好好听课，竟连香港和澳门也分不清。考试时题目要求指出香港，他却指着澳门说是香港，之所以造成这种低级错误，并不是因为他们的智商太低或脑子太笨，而是上课时没有用心听老师讲课。

第二，要勇于实践。小学生要想学好道德与法治课，仅凭课本上的理论学习肯定还远远不够，还必须进行一些实践活动。因为，只有实践才是检验理论的唯一标准。所以，在学习过程中必须把理论与实践结合起来，在日常生活中勇于实践，这样才能提高小学生的生活实践能力。

第三，勤于复习。在既有理论又有实践之后，学生还应进行有序的复习。复习时可按照如下的步骤进行：

1. 在下课之后系统而全面地复习课上的内容。

2. 许多小学生喜欢死记硬背，在教学过程中，一般不提倡这种笨拙的方法，而是要尽量做到每天晚上读一遍书中画线的部分即可，但一定要用心读。

3. 在阶段性学习后，再进行一次系统全面的复习。只要养成这样的复习习惯，学生才能够更加高效地学习。

此外，教师还应引导学生将历史与道德与法治课的学习与其他各门功课的学习结合起来。因为，一个合理编排的课程表，犹如一个营养均衡的食谱，里面各个科目都是有益于学生身心健康成长的知识，千万不可偏废。只有这样，小学生才能够不断丰富自己的知识，爱上学习。

三、学知识爱科学

小学阶段的科学课，融合了丰富的科学知识，目的是为了对学生进行科学启蒙教育，启发他们的科学思维和想象力，发展他们的智力，引导小学生走进科学奥秘的发现过程，启发学生像科学家那样去探索和研究人类社会的奥秘。

从小进行科学学习，是为了培养学生爱科学、学科学、应用科学的能力，将对小学生未来的成长产生深远的影响，小学科学教材主要包括动物、植物、人体、水、空气、力、机械、声、光、热、电、磁、地球、宇宙等方面的基础知识，通过这些内容的学习和掌握，使学生丰富了科学知识，为以后接触新事物，接受新知识打下了良好的基础。例如，光的传播、眼睛的科学、彩虹的秘密、动物的进化和驯化、地球的自转和公转等科学内容的教学过程，可以满足小学生的好奇心和解答心中的一些疑惑。

科学实验是科技工作者取得科学依据的重要手段，也是小学生深化科技知识、培养严谨的科学态度的重要手段。自然课的实验有很多，诸如种大蒜、浮与沉、磁铁游戏、轮子省力、制作指南针、茎的扦插、叶的蒸腾等科学实验活动。

要掌握科学的实验过程，教师应引导学生一丝不苟地忠实于观察、记录各项实验的过程和变化及其数据，才能得出符合客观实际的实验结果，科学秘密才能被发现。例如，在种大蒜的实验活动中，通过看、闻、尝、摸等方法，观察大蒜的颜色、形状、气味、味道等方面的一些特征来认识大蒜，再通过种大蒜的活动，了解大蒜种植的过程，并进一步观察大蒜发芽和生长过程。这样就会使学生在一定程度上了解大蒜生长的科学知识。

在小学科学课中，诸如此类启发性、科学性的实验活动还有很多。例如，声音的传播、食物的营养等等，都是很好的科学实验活动。科学实验活动一方面可以培养小学生的动手技能，另一方面可以激发学生学科学、用科学的兴趣。

四、细心观察，学好科学

观察是学好科学课的重要方法，同时，观察包括课堂观察和课外观察，只要学生能够把这两者有效地结合起来，就肯定会发现科学课也有很多的学习乐趣。但不管是使用哪种方法观察，教师要引导学生学会尽量准确、深入地观察，而不仅仅是停留在表面上。有些学生之所以学不好科学课，其中的原因主要有：观察事物时注意力分散，只看到事物的表面现象或观察时毫无针对性，当然学习起来就没有什么效果了。

既然是学习科学，就要掌握科学的观察方法。因此，教师应指导学生在学习科学课的观察时要做到以下几点：

1. 要明确观察的目的

观察什么，怎样观察，要达到什么目的，学生在观察前就应该做到心中有数。

2. 观察时要学会把握重点

任何事物都有多方面的特性，如果观察时不分主次，不突出重点，事物的特征就不容易被发现。

3. 观察要有耐心，要学会循序渐进

耐心是学生学习成功的前提条件，循序渐进是学习进步的一个过程。在教学过程中，教师应引导学生一定要学会将这两者有机地结合起来，并形成一个良好的学习习惯，才能高效地掌握科学知识。

第八章　课堂里爱上学习

　　课堂学习是最能够体现学生学习效率的一个重要环节，如何能够引导学生更加充分有效地利用课堂学习时间？这就需要教师在课堂教学活动中有意识地对学生的注意力以及学习兴趣加以培养，让孩子能够集中精力抓好课堂学习，从而在课堂学习中找到乐趣，更加热爱学习。

第一节　有效课堂学习

课堂是学校中最常见、最具作用力的学习场所，教师每天都要到课堂中上课，学生的学习时光也大多在课堂中度过。早期的教学观常常将课堂等同于教室，把它看作是学校教学活动发生的主要场所。目前的新型教育观更倾向于用系统的观点来看待课堂，它已不仅仅是一种教学环境，更是一个特殊的"活动场"，蕴藏着复杂多变的结构、情境以及师生之间的互动，是一个充满生机和活力的整体。与此同时，课堂学习就是学生这一特定的主体通过课堂这一特殊环境去获得知识、掌握技能、形成态度，由自然人转变为社会人的活动。

与日常学习相比，课堂学习具有学习安排的计划性、学习内容的全面性、学习情境的优越性、学习方式的间接性以及学习组织形式的集体性等特征。因此，在小学教学活动中，能够合理地运用课堂学习激发学生的热情具有重要意义。

一、小学生有效课堂学习的内涵

小学生有效的课堂学习是学生在已有知识经验的基础上，努力丰富学习预期，主动参与课堂活动，有效运用学习策略并取得积极成效的学习。具体而言，包括两层含义：首先是课堂学习结果的有效性，即通过课堂学习，小学生能在认知、情感、动作技能等方面获得应有的发展，实现预期的学习目标；其次是课堂学习过程的有效性，即在课堂学习过程中，小学生具有较强的学习兴趣及参与意识，能有效地应用各种学习策略。这样的课堂学习不

仅能使学生掌握现有的知识结构，还能使学生掌握学习策略，获得学习效能，为其中学、大学乃至终身学习打下扎实的基础。

二、有效课堂学习的条件

在小学课堂教学活动中，引导学生进行有效课堂学习，在潜移默化中培养学生浓厚的学习兴趣和热情，教师就要充分掌握小学生有效课堂学习的必备条件。一般来说，针对小学生的自身特点，小学生有效课堂学习必须具备一定的外部条件和内部条件。

小学生有效学习的外部条件主要表现在学习任务、学习环境、教师教学水平等外在因素对小学生课堂学习有效性的影响。具体而言，包括以下几方面的内容：

1. 适宜的学习任务

有效课堂的学习任务应当在学生的学习能力范围之内，既不能太难，也不能太容易。太难，小学生付出实际努力后仍然完不成，会放弃努力并产生挫败感；太容易，他们会认为这是举手之劳，而不愿意聚精会神地去学。因此，适宜的学习任务是只有在全神贯注和全身心投入时才能完成的任务，这样的任务有一定的难度，但不是无法完成的。一旦小学生经过努力完成这样的学习任务，他们会获得一种成功的体验和学习的效能感。

2. 宽松和谐的学习气氛

在小学课堂教学活动中，教师积极营造一个愉快、和谐、安全而又充满感情的课堂教学气氛，可以使学生的课堂学习充满情趣，人际关系亲密无间，形成一种催人奋发的教育环境，从而使小学生获得一种心理安全感，其学习会更加主动，思维会更加活跃，学习才会更加有效。

3. 结构清晰的学习内容

实际教学过程中，不难发现，如果小学生课堂学习的内容少而精，具有较强的内在逻辑联系，表现形式生动活泼，学生理解起来就比较容易；如果学习内容的结构过于模糊，形式单调枯燥，学生往往会觉得无所适从，也就不容易理解。小学生课堂学习的材料主要来源于教材，但又不能局限于教材，教师应根据学生已有的学习资料整合各类学习资源，以方便学生对学习内容的理解。

此外，小学生有效课堂学习的内部条件既包括内部认知条件，又包括内部情意条件。内部认知条件主要指小学生已有的认知结构，包括以下两方面的内容：一是必要的起点知识，即与本节课学习内容密切相关的基础知识，它将为新知识的学习提供同化点，这在很大程度上决定着课堂学习的有效性。许多研究表明，起点能力同智力相比，对新的学习起更大的决定作用；二是一定的支持性能力，包括必要的认知策略和良好的思维习惯等，虽然它与新学习内容的直接关系不很明显，但如果小学生拥有这些支持性能力，其学习会更迅速有效。如学习语文时基本的阅读技能，学习数学时的基本运算技能。

内部情意条件是小学生有效课堂学习的动力系统，包括浓厚的学习兴趣、强烈的学习欲望、足够的学习信心、良好的学习效能、愉悦的情绪体验和一定的意志水平等因素。这些因素能使小学生在课堂上保持较强的学习迫切性，不畏困难，勇于探索，从而使课堂学习的有效性充分地得到提高。

三、主动参与，做课堂上的小主角

"参与"意味着卷入与投入，主动参与是指学习者能积极主动地投入课堂活动，不仅投入教师安排的一些显性活动，更投入教学过程中的隐性思维活动和情感的共鸣。主动参与是一种学习的自由状态，是学习主体对学习活动的能动性作用过程，是学习能力与学习心向的统一。

在小学课堂教学活动中，按照小学生课堂参与的性质和程度，可将小学生课堂参与分为消极参与、主动参与和被动参与三类；从总体分布上看，小学生课堂参与的类型是比较多样化的，相比较而言，被动参与型的人数最多，主动参与型次之，消极参与型最少；在学习成绩和自我概念方面，主动参与型学生的发展要优于被动参与型和消极参与型。

一般而言，当一个小学生主动参与课堂学习活动时，他不仅能专心听讲，积极举手回答老师的提问，参加各类操作表演活动，还能大胆投入各类讨论活动，乐于发表自己的见解，甚至能进行创造性的思维活动，及时向老师表达自己的困惑之处。因此，与其他同学相比，他们不仅能获得更多的学习机会，能更充分地表现自己对课堂教学内容的学习情况，从而得到教师更多的关注和帮助，进而有利于学生更好地掌握课堂教学内容，保持学习的热情，在学业上取得更大的进步。

第二节　集中注意力，心向学习

俄国教育家乌申斯基曾说过："注意就是那扇门，一切由外部世界进入人的灵魂的东西都通过这扇门……"注意力是指人的心理活动指向和集中于某种事物的能力。课堂学习是一个很复杂的心理过程，既要观察、记忆思考，又要记笔记、回答问题、动手实践等等，如何引导学生集中注意力于课堂学习之中，对学生思维能力的训练、学习热情的激发具有重要作用。

一、小学生的注意力问题

新鲜多变的物体非常容易引起孩子的注意力，但是，幼儿期的注意力很容易因受到其他新鲜刺激而发生转移。结合小学教学经验可以了解到，低年级学生的注意力往往不能够长时间集中。因此，通常情况下，老师会让学生在后一半时间里适当地动动手和脚，以缓解孩子的疲劳感和枯燥感。尽管这样，还是有许多小学生在课堂上东张西望、胡思乱想或搞小动作。教学实践研究表明，与小学生身心相关的影响注意力的原因有很多：有的孩子情绪化，心情好时注意力才会集中，遇到感兴趣的事注意力就集中，反之则不然；作息时间规律时，注意力往往会较为集中。小学生集中注意力时通常表现在，上课铃声一响马上安静下来认真听讲，上课时不易为课堂外的情景所吸引，眼睛能看着老师、黑板或书本，眼神灵动而有光芒等特征；而分心时则喜欢交头接耳窃窃私语，阅读其他书籍或摆弄文具，或者东张西望，胡思

乱想。一旦出现这些分心行为，就会对老师讲的内容听而不闻，毫无印象。

二、注意力对学习的影响

无论是科学家、军事家，还是政治家、思想家，很多成功人士在其一生中能够成就一番事业，其中都有一个重要的原因：善于集中自己的注意力，善于专心致志地进行研究和学习。

当学生赞叹、羡慕、向往和崇拜天才人物时，不如从培养自己集中注意力这件小事开始。因为学习活动正是一项需要意志力的活动，注意力对学习成绩的提高有着特别重要的作用。小学生如果能够学会自我控制，训练自己专注思考、集中精力，学习成绩就会明显提高。从实践中看，注意力对学习有以下作用：

1. 注意力决定学习效率和学习效果

在课堂学习中，学习优秀的学生，往往也是注意力高度集中的学生。在学习活动中，注意力往往决定学习效率和学习效果。

所谓注意，意味着人们主观意识中一种觉醒的状态。一般情况下，学习的环境是无法同外界隔绝的，虽然与大众生活环境相比，受到的影响因素少了很多，但仍不可避免地会出现许多干扰集中精力学习、分散注意力的信息和事物。同时，周围的现实世界中充满了各种各样的信息刺激，处在成长时期的学生很难不受其刺激，这样就容易在学习中造成精力分散，神志游离，从而使学生无法保持注意力的高度集中。这种状态下的学习效率会很低，学习成绩也会受到影响。

而注意力集中的学生，却能在任何环境中保持意识的觉醒状态，这种状态会刺激他们对所学知识兴趣程度的增加，忽略其间一些无意义或与学习无关的信息刺激，把精力集中在学习上。这样的学生，学习效率就会很高，而且会一直保持浓厚的学习兴趣和热情。

2. 注意力主导知识的掌握与成绩的提高

通常情况下，处在清醒状态中的人，对需要关注的信息会主动感知。注意的心理特征就是有方向性地选择信息，合乎注意方向的信息与事物会容易引起注意力集中，这对学习中牢固地掌握知识、运用所学知识来提升成绩是有极大益处的。

一般来讲，只有兴趣度超过我们正在知觉的信息时，才有可能使自己放弃原先关注的信息，转而关注新出现的信息。课堂学习中，很多学生总是感觉到自己上课时走神，学习中思想"跑题""开小差"，虽然这对学习知识、提高成绩有影响，但其实也很正常。我们不可能长久地只对一种信息集中注意力，现实生活各种因素的影响，青春期心理、生理的变化与躁动，都会让学生时时感觉到心不在焉、想入非非。只有平时重视自我控制的训练，有意识地培养自己的注意力，才能集中心思，减少学习的干扰，这对巩固所学知识大有帮助。与此同时，引导学生不断坚持下去，学习成绩自然能够得到提高了。

在小学教学过程中，引导学生在学习时集中注意力，能够使学生增强学习的兴趣，巩固对所学知识的记忆，显著提高学习效率，增强学习效果。同时，引导学生平时自觉培养自己的注意力，会对学习与未来的发展起到很大的促进作用。

三、注意力靠培养

1. 固定学习时间和场所

在课后的学习生活中，家长要尽量引导学生把自己的学习时间安排在某一特定的时刻。小学生一旦养成这样的习惯，到了那个时间，一坐下来就能很容易地让自己进入学习状态。同时，学习的场所也要相对固定，不能到处"打游击"。如果每天换一个场所学习，接触相对陌生的场景，学习的注意力就会有所转移。而在固定的场所，就比较容易静心学习，一坐到自己的书桌旁，就很容易和学习的意识联系在一起。

2. 学习场所要单纯

单纯的学习环境，就是在学习时，把无关的图书杂志放在视线之外，各类学习用书、文具放在固定的地方，让学生自己随手可以拿到，以免因为寻找而中断学习。这就好像烧锅炉，锅炉冷却之后再加热就很麻烦，还要浪费时间和精力。另外，学习环境也非常重要，应尽可能满足如下条件：空气清新（通风）、光线充足、安静舒适，没有使学生分心的干扰源，学习时不宜谈话。有的学生认为边听音乐边学习的效果好，实际上这种做法对学习多少会有些妨碍。

3. 运用"起伏"规律

人在长时间注意某一事物时，往往很难保持良好的注意状态。我们的注意力有时较强，有时较弱，这就是注意的"起伏"现象。注意的起伏现象当然不利于学习，但是可以加以利用，合理地分配注意力。在课堂上，当老师讲解重难点的时候，就要集中注意力去听讲；当讲解一些比较简单、学生自己比较清楚的知识的时候，就可以适当放松。这样，学生听课就不会出现盲目现象，既提高了效率，又不会让自己太疲劳。

4. 合理休息

在经过较长一段时间的学习后，要注意适当休息，略放松一下再继续学习。这样，有利于学生集中注意力。因为人一旦疲倦，就难以集中自己的注意力。这种学习中间的休息，最好是在学习内容告一段落后进行，并做好记号，从而使学生能够在休息之后快速找到接下来要学习的内容。

在小学教学过程中，教师要结合小学生的生理特点，合理适当地安排休息时间，劳逸结合，才能更加有效地将孩子的注意力集中到学习上来，从而进一步地激发孩子的学习兴趣和热情。

第三节　课堂学习，我愿意

小学教学实践经验表明，学生学习过程中理智和情感的投入程度直接影响着学习的有效性，进而影响学生的学习成绩和热情。有效课堂学习的首要前提是小学生能以较好的身心状态主动参与到课堂学习中，只有学生真正能够从被动学习转变到"我愿意"，才能够全身心地投入到学习当中，从而热爱学习。当前小学生课堂学习的投入参与程度并不是非常理想：近 1/5 的小学生在课堂上经常游离于学习活动之外，或多或少有做小动作、讲话、发呆等非学习行为，1/3 左右的小学生以一种消极的心态来应付课堂学习，无法积极地参与到各类学习活动中去。因此，如何创设积极的条件唤醒学生的学习需要，并通过一定的诱因将学生内在的学习需要转化为强烈的学习愿望，主动的学习投入和积极的学习参与是每个教师进行教学设计时首先要考虑的问题。

一、巧设情境，爱上学习

在小学课堂教学中，我们经常可以发现，有的学生在课堂上无精打采，课后玩上电子游戏却是生龙活虎。为什么游戏具有如此大的吸引力呢？仔细分析不难发现其中的奥秘：设计精美的游戏画面为他们提供了丰富的感官刺激，层层深入的游戏任务激发了他们浓厚的挑战欲望，随心所欲的角色变化为他们创造了无限的想象空间，而这正是他们在课堂学习中无法获得的。因此，通过巧妙的教学设计吸引小学生的注意，使其头脑始终保持一定的知觉集中和思维警觉，是使小学生主动投入课堂学习活动首先要考虑的问题。

1. 巧设新奇情境，激发感知兴趣

新奇有趣的事物是每个人都喜欢的，小学生更不例外。因此，教师适时引入生动形象的教具或声像并茂的课件，给枯燥的内容创设新

颖有趣的情境不失为一种有效的教学策略。小学生一旦对学习内容萌发兴趣，就会产生愉悦的情绪，从而集中注意，积极思维。

2. 巧设矛盾情境，点燃思维火花

学生能够认真投入学习活动除了新奇刺激的吸引和解决问题的需要外，还有解决认知矛盾的需要。当个体处于一种两难情境而无从选择时，其内在的认知平衡就被打破了，随之产生一种恢复心理平衡的需要，促使其努力思考问题以寻求新的认知平衡。因此，教师在教学过程中可充分利用和发掘教材内容和学生已有经验的矛盾，或直接给学生提供一个与他们已有经验相冲突的事实，或提供两个似乎同样合理但只有一个正确的实例，将学生置于一种矛盾的氛围中，进而产生强烈的求知愿望。

3. 巧设问题情境，唤醒探究欲望

在课堂学习中，问题情境主要指个体想解决某个问题，但又不知道该如何解决这个问题的一种困惑状态，是学习内容与求知心理之间的一种不平衡。这种不平衡能激发起学生的探究欲望，使学生带着疑点去探索、去寻求问题的答案。因此，教师导入新课时可以将一些与学习内容相关的应用性问题前置，引发学生思考，提高学生的课堂学习投入水平。

二、关注经验，激发体验

创设情境、吸引注意是引导小学生主动参与课堂学习活动的出发点，但教学设计不能仅仅停留在吸引注意的水平上，教师还需要密切关注小学生已有的生活经验和学习经验，并在此基础上确定教学目标、开展教学活动、设计作业练习，以此激发小学生对学习内容及其意义与价值的深切体验，理解课堂学习内容的当前价值与未来价值。一旦小学生体会到学习内容与自己生活的相关性，其课堂学习的投入水平和参与程度将进一步提高。

1. 共同协商目标，增加学习欲望

课堂学习目标既是学生学习的灵魂，也是教师教学的灵魂。一个远离学生知识水平和生活经验的教学目标是很难引发学生的学习欲望的。因此，有经验的教师往往不会将课程标准或教学参考书上的教学目标直接搬到课堂上，而是在深入了解学生经验水平的基础上，对教学目标进行一定的调整与整合。

2. 开展体验活动，加深学习感受

经验既可以是对过去生活的感受，也可以是对当前情境的体验，任何学习活动都是建立在学生已有经验的基础上的，丰富的生活和认知经验是小学生有效课堂学习的重要基石。因此，教师要善于开展各类课堂体验活动，丰富学生的感性经验，让学生亲身感受学习的乐趣与魅力，并萌发一种"学习很有意思，学习很有用"的心理。

3. 精选实践作业，增强学习乐趣

作业是一种重要的延伸性学习活动，通过这一活动，小学生可以更好地巩固以前所学的内容，预习第二天的课程，并学会使用各种资源。当前小学生的作业多为抄写、记忆、简单理解、朗读等低水平作业，形式以纸笔练习为主，很多小学生对此颇为厌烦。要改变小学生的厌学情绪，教师应精选作业内容，少布置一些机械性的作业，多布置一些活动性、实践性强的作业。

三、积极鼓励，增强信心

吸引注意和激发体验的重点在于提高小学生的课堂学习心向，但仅仅如此还不够。有经验的教师在此基础上会进一步提高小学生的学习效能感，使他们"相信自己能学好"，当小学生"自己想学"，又"相信自己能学好"时，就会选择富有挑战性的学习任务并为之付出不懈的努力，即使面临困难也会想方设法加以克服并从中获得乐趣，哪怕最后预期目标没有达成，他们也会对失败进行分析，并努力创造条件去实现自己的目标。这时才可以说学生的学习是主动有效的。要帮助学生树立学习的信心，教师必须要有鼓励和宽容的心态。

1. 提供活动机会，鼓励大胆尝试

小学生天性好动，教学中应尽可能地让学生动起来，能独立观察的放手让学生去观察，能独立思考的放手让学生去思考。当个体在活动中成功完成了一些自认为有一定困难的学习任务后，学习信心会大大增强。

例如，有英语教师在讲"there be"句型时，鼓励学生发挥自己的绘画、剪纸特长，亲自动手制作海报，然后要学生尝试用英语进行介绍，这样学生不仅英语口语能力得到了锻炼，也发挥了自己的特长，获得了成功的体验。又如，在《黄山奇石》的教学中，教师设计了三个问题："课文写了哪几种黄山奇石？它们'奇'在哪里？你从哪里看出来的？"鼓励学生通过看图、读文，自己寻找答案，接着开展小组讨论活动，让每个学生都有表达的机会。学生在回答问题的过程中敢说、愿说、有话可说，学习积极性得到了大大的提高。

2. 积极暗示，缓解焦虑情绪

受外界压力与自身性格的影响，部分小学生在课堂学习中存在着过度的焦虑情绪，他们经常表现出一些回避和退缩行为：不敢举手发言、回答问题拘谨、语音变调、心慌脸红，甚至表现出心慌出汗、腹部疼痛等躯体不适症状。学生这种焦虑情绪直接影响到课堂学习的自信心，教师可通过积极暗示加以缓解。

例如，引导小学生学会尊重其他同学，每个人都会犯错，在任何条件下都不可以嘲笑别人；提倡"别人行，我也能行""这次不行，下次行"等积极向上的信念；尽可能用积极的教学语言来描述教学活动，如将例行的"单词测验"变成"猜词游戏"等；以积极的心态评价学生，当学生遇到困难或挫折时，尽量用他以往的成绩来鼓励其克服困难。通过这些措施，使学生能多角度地看待自身的学习，充分发掘自身优点，从而形成健康的学习情绪。

3. 及时反馈，指导合理归因

学习中可能取得成绩从而获得成功，也可能遇到困难导致失败，如何对成败进行归因会影响到学习的信心。尤其在小学生面对失败时，教师一般可引导学生将之归因于努力不足。因为当前小学生学业失败的原因多数是努力不足，只要努力，他们是能够取得进步的。此外，努力是内在的可控制因素，这样归因有助于小学生做进一步的努力以取得成功。反之，如果将之归因于"你真笨""你怎么这么没用"等内在、稳定且不可控的因素，他们可能会对自己的能力失去信心，也不愿意做进一步的努力，而通过逃避来维持自己的自尊，从而造成恶性循环，学习自我效能会越来越低。当学生确实付出了努力依然失败时，教师要有宽容的心态，可引导学生将之归因于运气不好等外部不稳定因素，这样学生就不会对自己的能力产生怀疑，也不足以动摇或改变他的自我效能感。例如，当一个小学生因为经过一段时间的努力但依然没有考好而失望时，教师就应帮助学生认识到几次失败的原因并不是自己的能力不够或努力不够，只不过是因为运气不好所致，深信只要坚持一如既往地努力，放松紧张情绪，学习成绩早晚能上去，努力是一定不会白费的。这样的归因有助于学生恢复自信心，放松情绪，从而保持强烈的学习意愿。

第四节　课堂学习有差异

　　世界上没有两片相同的叶子，也没有两个完全相同的学生，学生之间的个别差异是一个客观存在且无法避免的事实。但如果一位教师所付出的各种教学努力，最终只是促成了一部分学生的有效学习，而另一部分学生在此过程中并没有获得多大的发展，那也很难说这种教学是有效的。

　　因此，面对生活经验、兴趣爱好、学习风格以及知识基础相去甚远的四五十名学生，教师必须寻求一条兼顾不同层次、不同个性学生需要的教学思路，在力求使每个学生都能够在原有基础上获得最大限度的发展的同时，无条件地接纳每一个学生，结合学生的自身特点最大程度地激发其学习热情，让每一个学生都能够发自内心地热爱学习。

一、敞开怀抱，接纳每一名学生

　　要使每个学生都获得发展，教师首先应无条件地接纳每个学生。无论学生有什么优点和弱点，教师都应该接纳他们，真诚地将他们作为一个鲜活的生命体来尊重。要做到这一点，教师必须放弃导致负面情绪的完美主义情结，放弃自己对学生的"苛刻要求"，以一种平和的心态来倾听学生的声音。

1. 合理调节教师情绪

　　在小学日常教育教学活动中，教师难免会遇到各种不良刺激而产生负面情绪反应，剧烈的负面情绪会降低教师的理智水平，导致一些不明智的教育举措，给学生的成长带来不良的影响。因此，教师应当学会调节控制自己的消极情绪。美国心理学家艾利斯的 ABC 理论认为，人的情绪不是由某一诱发事件本身所引起的，而是由经历这一事件的人对这一事件的解释和评价所引起的。诱发事件只是引起情绪及行为反应的间接原因，个体对诱发事件所持的信念、看法、解释才是引起情绪及行为反应更直接的原因。因此，要调节情绪必须改变个体的不合理信念。

一些教师经常有这样不合理的信念：（1）绝对化要求。完全以自己为出发点，对学生怀有必定发生或不发生的信念。如"我教的班级必须考年级第一名""作业应该准时完成""上课不应该打瞌睡"等。（2）过分概括化。以偏概全、以一概十的不合理思维方式。如"这么简单的题目都不会做，简直笨死了""一刻都坐不定心，以后怎么办呢"等。（3）问题扩大化。将可能的不良后果无限严重化，学生犯了一些小错误就认为是非常可怕、非常糟糕的，甚至是一场灾难。当教师的这些不合理信念影响到自己的情绪时，教师要学会与不合理信念辩论，用合理信念战胜不合理信念，进而及时调控自己的情绪。

2. 倾听学生心声

在小学课堂中，一些教师通常是以至高无上的权威身份出现在学生面前的，学生只是接受者和服从者，虽然有很多自己的想法却不愿意也不善于发表自己的见解。

例如，每个新学期开始，通常是教师对学生提出许多期望与要求，却很少听听学生对教师的期待与要求；平时上课多是老师向学生提问却很少留有时间让学生向老师提问；一些教师总习惯于对回答错误或不能完整地回答问题的孩子批评指正，却很少耐心聆听他们的想法。

对此，教师必须放下自己"师道尊严"的架子，学习倾听学生的心声，不仅要聆听学生的语言表述，也要关注他们的行为、动作、表情等非语言信息，不仅要听出学生说话的表层意思，还要听出他所表达的欲望与需求、情感、思想、个性特点等。

例如，一个学生发出"唉，我又考了70分"的叹息时，教师可以从中听到：他这次考试又没考好；他需要安慰和鼓励；他情绪上很失望；他比较不自信等。这时教师就能理解学生考试没考好的心理，而不会再用挑剔和愤怒的语气对他进行批评指责了。

二、关注学习风格

学习风格是学习者持续一贯的、带有个性特征的学习方式，是学习策略与学习倾向的总和。它是个体在一定的生理特性基础上，受社会环境和教育的影响，在长期的学习活动中逐步形成的。教师在教学过程中需识别学生的学习风格，开发多元化的学习平台，保证每个学生均有机会按自己喜爱的方式展开学习活动，以提高小学生课堂学习的实质性参与水平。

1. 识别学习风格

在小学课堂教学中，一个班级的学生通常在学习风格上存在着较大的差异。例如，读课文时，有的喜欢默读，有的喜欢朗读；感知事物时，有的喜欢看，有的喜欢听，还有的喜欢操作；解决问题时，有的行动前反复思考，有的思考前快速行动；选择学习环境时，有的喜欢独立学习，有的偏爱结伴学习。这些不同的学习风格可以借助量表进行测试，但更需要教师通过对学生学习行为的日常观察分析来识别。因此，教师要清晰了解不同学习风格的基本特点，经常有意识地观察学生的各种学习活动，认真分析学生的活动特点，进而分辨学生的不同学习风格。

由于小学生自我意识水平比较低，对自己学习方式优劣的认识更多依赖于成人的评价，教师在日常教学中也可以经常渗透一些关于如何学习的知识，帮助小学生更好地了解自己的学习方式，以帮助其扬长避短，不断取得进步。

2. 丰富学习方式

在了解本班学生学习风格的基础上，教师应努力丰富课堂学习方式，以保证不同风格的学生都能有机会用自己喜爱的学习方式展开学习活动，从而提高小学生的课堂参与水平。

三、个性化评价

学生的成长离不开教师的积极鼓励和评价，积极的鼓励和评价是促进学生个性发展的动力和泉源。在课堂教学中，我们只有从学生的自身水平出发，努力寻求积极因素，采取个性化的评价方式，才能促进学生的个性化发展。在具体教学中，教师应遵循"适应学生起点，鼓励学生进步"的评价原则，对某些学生尤其是学习困难的学生应降低成功的评价标准，即使在其取得了相对较小的成功时也应该及时予以鼓励。在课堂提问时，可以考虑设计不同能力水平的问题，更应善于从学生的不同回答中发现其优点并及时予以关注和鼓励，使每个学生都能体验到成功的喜悦，提高他们的自我效能感，从而激发学生的学习热情。

1. 多角度积极评价

在小学课堂学习中，学生的课堂学习差异体现在认知、情感、态度等方面。教师应正视学生的这些差异，不应仅从认知角度评价学生，而应力求从不同角度评价学生，努力发现学生的各种闪光点，为每个学生提供体验成功的机会。

2. 倡导发展性评价

在小学课堂学习中，由于学习主动性、学习策略、知识基础的不同，学生对于知识的理解领悟速度和程度也是完全不同的。有的学生学习主动性强，善于应用策略，基础扎实，知识理解领悟速度较快；有的学生学习主动性虽强，但学习不得法，知识理解领悟速度一般；也有的学生学习主动性差，学习习惯差，知识基础不扎实，知识理解领悟较慢。在课堂教学中，教师要充分考虑学生的不同层次，提出不同的学习要求，给予不同的评价。尤其对于低层次的学生，可引导他们与自己的过去作比较，让他们看到自己每天的进步，进而激励学生不断向上。

例如，当一个做课堂作业拖拉的小学生有一天终于在下课前完成了作业，虽然他的字迹是那么潦草，错误依然是全班最多，但是只要他按时完成了作业，教师就应该鼓励他："你今天做作业很迅速，真棒，老师相信你明天一定能按时完成课堂作业的。等一会儿咱们一起复习复习今天的功课好吗?"只要抓住他每天的点滴进步进行自我强化，这位学生的自我效能感就能够得到很大的提高，学习也会更加投入。

第九章　协同教育促学习

　　如何让小学生热爱学习，不仅是学校教育工作者需要思考的问题，更是每一个家庭乃至社会需要协同努力解决的问题。"协同教育"是近年发展起来的新型科学，也是未来教育工作的主流形式。家校协同互动对学困生的成长将产生至关重要的作用，是激发学生的学习热情与兴趣的重要手段。

第一节 认识协同教育

一个孩子的学习和成长需要多方面的教育力量，其中最主要的是学校教育和家庭教育，两者要互相结合，达到协调、同步，合奏出协同教育的和谐音符，就能产生教育的效果。协同教育的核心为"家长——班主任"，班主任要为家庭教育和学校教育达到协调、同步架起一座坚实的桥梁，使两股教育力量有机地统一，形成合力，从而更加有效地激发学生的学习热情，让孩子爱上学习。

一、协同教育的内涵

小学教学，尤其是课堂教学，一直是我国小学教育活动的基本构成部分，是学校教育活动的主要形式，也是综合体现教育思想、教育内容和教育方法的主要渠道。它不仅有教学的任务，更有教育的功能。可以说，传授知识、开发智力、培养能力以及提高素质的任务，主要是通过各门学科在课堂教学中独立而又相互配合地进行教育和教学来完成的。因此，我们必须按照素质教育的要求，扎扎实实地搞好学科教学，把工夫花在优化课堂教学上，努力实现课堂教学的素质化教育。采用协同教育是实现课堂教学素质化的有效途径，从而最大程度地挖掘出学生的学习兴趣。

与此同时，班主任是学校教育一线的骨干力量，是学校教育工作最基层的组织者和协调者。履行好班主任的职责，必须树立正确的教育理念，遵循小学生身心发展的规律，运用科学的教育方法，善于利用各种教育资源。班主任老师不仅应该努力协调好各任课教师，做好班级的管理和建设工作、学生的教育和引导工作，积极支持少先队、共青团、班委会开展班级活动，还应成为沟通学校、家庭、社会的纽带，及时了解学生在家庭和社区的表现，引导家长和社区配合学校共同做好学生的教育工作。

此外，小学教师在班级管理过程中，主动担负起协同教育的重担，采用科学的教育方法，从小学生的各方面实际情况出发，积极开展协同教育，集合多方力量共同引导学生，让学生能够在良好的家庭环境、社会环境氛围中爱上学习，并能够真正地享受学习。

二、家长帮忙力量大

著名教育家苏霍姆林斯基早在 20 世纪 70 年代的《我们的家长学校》一文中就提出了这样的观点："只有在这样的条件下，才能实现和谐全面的发展，就是两个教育者——学校和家庭，不仅要一致行动，要向儿童提出同样的要求，而且要志同道合，抱着一致的想法，始终从同一的原则出发，无论在教育的目的上、过程上，还是手段上，都不要发生分歧。"在这种协同理论的指导下，他创办了家长学校，取得了"协同教育"的成功。因此，班主任要为家庭教育和学校教育达到协调、同步创造契机。

同时，家长作为孩子的启蒙教师，在孩子学习兴趣的培养以及学习热情的激发上起到十分重要的作用。家庭是孩子最初的课堂，父母可称得上是当仁不让的教育家。在协同教育过程中，家长如果能在家庭教育中主动培养学生的学习兴趣，而不是在下班后问孩子的第一句话是"今天考了多少分"，那么，孩子的学习兴趣就会随之解放出来，逐渐由家长"要他学"转化为"他要学"。

三、家校沟通不可少

如何教育下一代一直是全社会共同思考的问题，让孩子热爱学习，掌握丰富的知识和技能是每位教师和家长的心愿。协同教育的有效开展，必须注重家校双方的及时沟通，从根本上解决孩子的学习问题，激发孩子的学习动力。

1. 多种形式，架起家校沟通的桥梁

一般来说，家校沟通的形式很多，我们常用的有以下几种：

第一，电话联系。这是目前使用得最多，比较方便，也是最节省时间的一种方式。

第二，短信沟通。通信设备的迅速发展给人与人之间的联系提供了极大的方便。与此同时，手机短信为家校沟通提供了更便捷的联络方式。通过家校互动短信平台，将学校和家庭联系起来，家长和老师互通学生的各种情况、信息，发现问题可以及时沟通，共同纠正，家长和老师的关系也得到了改善。

第三，利用校讯通平台。校讯通平台能够及时把学校的要求或提示按班级或全体告知家长，效果极好。

第四，家校联系手册。小学生年龄小，靠学生与家长联系效果很差。因此，利用联系手册是一种班主任与家长书面联系的有效方式。通过这种方式，教师和家长可以及时了解学生在家里和学校这两个不同环境中行为及表现是否一致，从而避免学校教育与家庭教育相脱节。

第五，面谈。学生家长每天接送孩子上下学，当学生在学校出现了一些严重不良行为或用电话沟通显得不太正式时，班主任就可以与家长面对面进行交谈。

第六，家长开放日。通过家长开放日，让家长了解学校的教育观点，了解班上的情况，了解孩子在集体中的表现。

第七，家访。家访是最直接，最有效，最富有人情味的一种教师与家长的沟通方式。

2. 掌握有效的沟通技巧，提高沟通效果

家校沟通的形式多种多样，班主任老师应结合具体的情况，选择不同的方式与家长进行沟通。沟通是一门艺术，也是教师取得良好教育效果的保障，同时，良好的沟通能力也是教师工作能力的体现。

作为班主任，要想与家长形成家校教育合力，就必须高度重视与家长的有效沟通。掌握必要的方法也是沟通取得实效的关键。

班主任是学校教育与家庭教育互相渗透的直接操作者，如果与家长沟通不畅，久而久之，难免会产生矛盾、积怨，甚至对立，严重影响班级工作的正常开展及家校关系的和谐发展。掌握好与不同家长的沟通技巧，是取得家校协作成功的关键。

四、教师是家校合作的组织者

教师是家校合作过程中的主要人物，是家校合作活动的具体策划人、组织者和参与者，还是家校沟通与合作的纽带、桥梁以及家长的朋友。因此，教师应充分发挥自身的组织作用，采用多种方法，积极与家长进行沟通，共同解决孩子厌学等一系列问题，形成教育合力，让学生真正地热爱学习，想要学习。教师可采取以下几种方法为家校合作出力：

1. 召开家长会

家长会是教师和家长交流的必要形式，是家校沟通与合作的重要途径。一个富有成效的家长会，有助于教师和家长畅所欲言地进行交流与沟通，班主任老师还可以将各任课老师请来，讲一讲各学科的学习方法与进度，同时分析每位同学的学习情况及优缺点等，从而及时发现学生的学习问题，包括学习积极性、学习动力和学习热情等一系列问题。家长会上，教师要全面客观地评价学生的表现，要肯定学生的进步和成绩，对于学生存在的共性问题，要与家长共同分析研究，商讨解决的办法。对于个别同学的问题，不要在家长会上当众点名，可以会后让学生的家长留下来，单独进行沟通。

2. 定期家访

家访是家校沟通的桥梁，是家长、学生、教师之间沟通的重要途径之一。教师通过家访可以了解学生的生活环境和家庭状况，能够了解学生在家中的表现以及学生课后的学习热情和学习态度等情况。家访时，除特殊情况，不应回避学生，教师要尊重学生家长，向家长全面反映学生在学校的各方面情况，肯定学生的进步和成绩，让家长树立信心。对学生存在的缺点和问题，要与家长、学生一起分析原因，寻找解决问题的方法，让家庭和学校之间对学生的教育协调起来，并形成教育合力。

3. 开办家长学校

目前，家庭教育仍然落后于学校教育，家庭教育的失误往往给学校教育造成了负面影响，起到了设障作用。因此，当务之急是提高家长的素养和家庭教育的质量。开办家长学校要做到有计划、有针对性，要从家长的实际需要出发，帮助家长更好地了解孩子的成长历程，更加全面地掌握孩子的学习情况，正确认识孩子的学习问题，加强亲子之间的交流，让家长真正参与有关问题的讨论，帮助家长掌握教育规律，以使学校与家庭能够更加有效地沟通与合作。

4. 开展家长座谈会

针对家长如何对子女进行教育以及正确合理地激发孩子的学习热情问题召开家长座谈会，给家长提供相互学习的机会，为家校沟通与合作、为学生的健康发展构筑平台。

5. 进行电话访谈

教师随时与家长进行电话联系，向家长了解学生课外的学习态度以及学习兴趣等情况，或通报学校与班级的一些活动，家长也可随时给教师打电话进行联系。通过电话交流，教师和家长都能够及时了解学生在校及在家的表现，有利于对孩子学习积极性的培养。

6. 举办家长——教师会议

举办家长——教师会议的目的是促使家长和教师相互理解与支持，这是学校与家庭合作的主要手段之一。为促进学生更加积极有效地参与学习及健康成长，家长与教师协调一致，平等地交流，既能增进家校之间的合作，又能改进学生的表现。教师要与家长在平等的基础上交流信息，了解情况，帮助分析学生厌学等问题的原因，找出解决问题的方法，尽量消除不平等因素。

第二节　协同教育讲方法

小学生不爱学习，一直是摆在老师和家长面前的难题。开展协同教育，形成教育合力，共同积极地调动孩子的学习兴趣，及时解决学生的学习问题以及心理问题等，让家长和老师成为孩子的学习伙伴，共同享受学习的乐趣。

一、深入了解，摸清情况

有这样一个班主任自述的案例：

我班的小鹏同学是老师最头疼的学生，也是同学最讨厌的学生之一。他性格怪异、孤僻、脾气大，喜欢打人，稍微不如他意，就出口骂人或打同学，尤其沉迷网络，虽肯接受老师或同学的正确意见，认错快，但依旧沉迷。在班级里纪律涣散，学习、行为习惯极差，也是一个典型的"散漫主义"者。记得上学期，某天下午上第一节课时，我去查堂，发现小鹏同学没来上课，于是，我就利用"阳光通"这一平台给他爸爸发了一条短信说："家长，您好！现在已经上课了，您的孩子还没来上课，不知是何原因？"一会儿，他的爸爸也给我发了一条短信："……我去网吧找找看。"后来，他终于在一家网吧找到了孩子。问清原委，得知小鹏因为沉迷网络忘记了上学的时间，于是，他心里想干脆逃学算了……找到孩子后，家长把他送到了学校，继续加强了教育……家校互动进一步加强了。

通过家校"协同教育"，我不但了解了小鹏在家的表现，也更加清楚了他的家庭教育情况。于是，开始制订转变他的具体措施，经过半个学期的家校"协同教育"，小鹏同学学习上有问题能够主动问同学，与同学的关系和睦多了，课堂上的表现也好多了，他的学习成绩也有明显进步，行为习惯有了明显改观。

目前，一些小学生由于性格缺陷，学习、行为习惯差，学习成绩不理想，厌学、懒惰、不思进取，性格及生理不健康等现象，他们上课时听不懂课或不想听课，做小动作，讲悄悄话，往往不愿意接受同学或老师的正确意见，对老师的教育置若罔闻，对学习没有兴趣。

因此，教师在教学活动中需要深入了解这部分学生的实际情况。案例中的教师所采用的"阳光通"平台，就是运用现代技术加强学校、家庭和社区沟通，开展协同教育的有力手段。利用这样的沟通平台，老师可以与学生及其家长进行无障碍交流，避免了师生面对面交流时的尴尬，通过对学习有困难的学生所反映的学习问题以及老师对其的引导，了解这一部分学生的思想动态，从而拉近了老师与学生之间的距离，让学生喜爱师，喜爱课堂。

与此同时，通过老师向家长及时反馈学生在校学习的详细情况，让家长充分了解自己孩子的学习动态及心理情况，对孩子的教育方式进行及时的更正和补充，从而更加合理地引导孩子积极主动地学习。

二、掌握心理，注意方法

有这样一则案例：

婷婷同学是老师最头疼的学生之一，也是同学讨厌的对象。她是特殊家庭的孩子，或许由于家庭的负面影响，她性格怪异，脾气大，稍微不如她意，就出口骂人，不肯接受老师或同学的正确意见。一次数学课，她讲话被老师批评时顶撞老师。事后，班主任在与她的一次谈话中说道："其实，你很聪明，老师并不是因为你的成绩差就不喜欢你，而是因为你太调皮了，你说对吗？"听到这里，她低下头说："老师，我知道我错了，以后不会了。"从那以后，婷婷的课堂表现越来越好，在学习上有问题能够主动请教老师和同学。后半学期里，她的学习成绩大有进步，并且养成了良好的行为习惯。

在小学教学实践过程中，不难发现，一些不爱学习的学生同样具有强烈的进取心、自尊心，渴望进步和得到认可。因此，只要教师对每一个学生都充满信心、工作耐心，就能够达到教学目的，激发学生的学习热情，收到较好的教学效果。当学生在学习过程中遇到困难和挫折时，教师要及时深入到学生当中进行交流，了解他们的思想动态，对学生的进步及时给予表扬和鼓励，使学生体会到教师的真诚。师生之间只有形成一种和谐、融洽的关系，才能调动学生学习的积极性。当学困生出现问题时，教师不应挖苦讽刺和轻易下结论，而要尊重他们的人格，让他们感到教师对他们的信任。只有这样，学困生才有可能沿着教师期望的方向发展。

三、关心爱护，培养信心

自信心是一种积极的心理品质，是促使人向上奋进的全部动力，是一个人取得成功的重要心理因素。在调动学生学习积极性的过程中，教师和家长首先要培养学生的自信心，让他们感受到成功的喜悦，这样他们才能够更加主动地去学习。

那么，在协同教育的工作中应该如何正确培养孩子的自信心呢？结合小学教学经验，老师可以给家长提出以下几点建议：

1. 要正确调整自己与孩子间的关系

孩子与父母间的关系如何，在很大程度上决定了他的自信心程度。

培养孩子的自信心，首先应检查一下自己与孩子的关系是否有助于孩子自信心的培养。如果孩子感到父母喜欢自己、尊重自己，态度温和，给孩子的感觉很好，往往就能使孩子活泼愉快、积极热情、自信心强。相反，如果父母对孩子经常训斥，态度粗暴、冷淡，孩子就会情绪低落，对周围的事物缺乏主动性和自信心。

2. 要善于找出孩子的亮点

这个世界上没有一无是处的孩子，每个孩子都会有闪光的地方。作为家长，一定要学会观察自己的孩子，就不难找到孩子身上的亮点。如果抓住这些亮点，不断地肯定孩子、认可孩子，孩子的亮点就会越来越亮，并不断地扩大。这样就能顺利地激发孩子的自信心。

3. 让孩子从成功的喜悦中获得自信心

培养孩子自信心的条件是让孩子不断地获得成功的体验，而过多的失败体验，往往使孩子对自己的能力产生怀疑。例如，孩子考试前，自信地对家长说："妈妈，这次考试我一定能得双百分！"可是结果总差那么一点点时，作为家长千万不能嘲笑自己的孩子，而应该照常鼓励，激励孩子下次继续努力。当然，家长应根据孩子的发展特点和实际能力，确立一个适当的目标，使孩子经过努力能够完成。切忌目标定得太高，超出实际能力，致使孩子的自信心屡屡受挫，产生厌学的态度。

4. 重视与保护孩子的自尊

聪明的父母对待孩子，总是多一点赞赏，少一点责备，这样有助于维护孩子的自尊心，从而使孩子对自己的学习充满信心。因此，作为家长，切忌讽刺挖苦孩子，不用别人家孩子的优势比自家孩子的不足，不在别人面前惩罚孩子，不把孩子的话当"耳旁风"，不滥施权威，以免损伤孩子的自尊心，使之产生自卑感，而使孩子丧失自信心。

四、关爱宽容，尊重人格

在小学教学实践过程中，通过对一些严重缺乏学习兴趣的学生的深入了解可以知道，一些学生由于在家里得不到温暖，在学校里偶尔会受到其他同学的排斥，大多存有畏惧心理，不信任或反感教师和学校，在行动上表现为疏远、满不在乎或反抗，最终导致厌学。

因此，在协同教育过程中，为使这部分学生能够解除思想顾虑，摆脱消极的学习态度，教师在充分了解了学生的实际情况后，要用深情和厚爱来温暖学生的幼小心灵，真心实意地关心和爱护他们，尊重、信任学生。当老师能够得到学生的信任后，他们才会把老师当做知心朋友和学习伙伴，并且能够将老师对自己学习方面的指导和要求付诸行动。

第三节　老师支支招

在学生的小学学习阶段，每一位家长都热切希望孩子能够养成良好的学习习惯，有浓厚的学习兴趣。因而，家长往往忽略了孩子的实际学习情况，盲目地大量投入财力、物力进行辅导教育，得不偿失。在协同教育的过程中，老师有着丰富的实践教学经验，充分掌握小学生的心理特征以及实际学习情况，及时与家长沟通交流，提出有效合理的意见十分必要。

一、多方位指导家长正确教育孩子

1. 掌握孩子心理特点，纠正教育方式

学生家长虽然都经历过童年生活，但是，由于他们当时的生活方式、思维方法、兴趣爱好以及个性特点等等都与现今孩子的童年生活大不相同，他们往往不关心孩子的心理特点，而用成年人的标准要求孩子、教育孩子。这样就无意中挫伤甚至泯灭了孩子的童真，打消了孩子学习的热情，丧失了许多培养孩子能力的良机。例如，儿童间的接触交往，是孩子的心理需要，也是儿童发展的条件。可是我们有的家长担心孩子们在一起出问题，怕别的孩子影响自己孩子的学习，硬要自己的孩子独自学习和娱乐，甚至于学校组织开展的一些课外活动都要横加干涉，不予支持。这种做法，不仅妨碍了小学生的身心发展，而且造成孩子不合群的孤僻性格。

此外，家长的此种教育，也阻碍了"协同教育"的开展。此时，身为教师就要做好引导家长的工作，帮助家长学一点心理知识，尽早走出教育的误区，从而能够合理地调动孩子学习的积极性，激发孩子

的学习热情。

2. 引导家长注重言传身教，给孩子做榜样

家庭内成年人的一言一行、一举一动，时刻影响着学生的思想、行为和习惯。但我们的家长往往忽视这一点，不注意自己的言行，从而给孩子带来了一些不良影响。教师必须向家长说明耳濡目染、潜移默化的家庭教育特点。引导家长注重言传身教，给孩子树立好的榜样，与学校的教育协调、同步，把孩子塑造成新时期的有用之材。

二、给孩子请家教有学问

如今，越来越多的家长开始给孩子请家教。然而，对于有没有必要给孩子请家教、请家教应该注意哪些事项等问题，很多家长依然存在着很大的盲点和误区。

因此，在开展协同教育过程中，教师要结合小学教学实践将其利弊向家长予以说明。客观地说，给小学生请家教有利也有弊。好处是现在学校学生比较多，老师讲课主要以中等学生的理解和接受能力为准，有些孩子反应慢，难免跟不上老师讲课的步骤，这种情况下请家教可以查漏补缺；不足的是，孩子会对家教产生依赖心理，觉得不管学成什么样，反正回家还有老师教，导致在校学习听课的效果更差。其实，对于小学生来说，课业负担并不重，一般学生在课堂上就能把知识消化、掌握。

因此，教师要指导家长视家庭的具体情况及孩子的实际情况而定，主要有以下几点需要注意的地方：

首先，家长要考虑自己的孩子是否适于请家教。孩子如果学习态度端正，学习有一定的自觉性，能够独立完成老师布置的作业，就没有必要请家教。如果孩子因故误课较多，跟不上学习进度，或者存在

偏科现象等等，这时便可以考虑为孩子请个家庭教师。

同时，教师应引导家长明白家教固然能对一些孩子的学习有所帮助，但由此带来的负面影响也是不容忽视的。例如，请家教会伤害孩子的自尊心，使孩子产生"我不行"的心理压力，严重者还容易丧失学习的信心。同时，请家教还容易使孩子产生依赖心理，认为上课"听不听无所谓，不懂反正有家庭教师"。更重要的是，请家教增加了孩子的学习负担，使得本已少得可怜的业余时间被占用了。如果所请的教师缺少正确的教学方法，那么，孩子的学习只能是事倍功半，甚至"误入歧途"。

此外，要谨记父母是孩子最好的老师，再忙也要抽时间跟孩子交流。如果给孩子请了家庭教师，也要把孩子和自己的要求告诉家庭教师，而不应该通过家教来了解孩子。

家长如果准备给孩子请家教，那么如何选择合适的老师则至关重要。基本原则是要能适合自己的孩子，让孩子能积极主动地去学。例如，请在校大学生可能经验不足，教学大多不够系统，但是与孩子年龄接近，思维活跃，比较容易和孩子沟通。如果请在职教师，教学经验丰富，但是在灵活性和与孩子交流对话方面可能略为欠缺。有的孩子在课堂上总是羞于向老师提问，即使鼓足勇气提问，如果老师不注意方式和方法，当面指责，会打击孩子的积极性，甚至产生自卑心理。这时如果请一个好的家庭教师，不仅可以讲解孩子没有学会的知识，还能够帮助他树立起学习的信心。

三、打造良好的学习环境

有这样一则案例：

最近，三年级的超超对学习越来越提不起兴趣。上课时爱走神，老师布置的作业，有时胡乱做一下，有时干脆不做。为此，老师批评过他好几次。

班主任王老师找超超谈话时才得知：超超的父母每天或者在家看电视，或者邀三五个人在家玩麻将，偶尔还闹腾到深夜两三点。

"老师，我也不知道怎么了，我就是很难静下心来学习，不想学习，只想看电视、玩游戏。"超超有些无奈地说。

有些家长认为把孩子送到学校，孩子的学习应由任课老师和学校全权负责，孩子不喜欢学习、学习不好，老师和学校应责无旁贷地负责教育。其实，这种教育理念是错误的。对于小学生来说，学校学习固然重要，但家庭学习也是非常重要的。这是因为，一天24小时，孩子在家里要待16小时以上。每天在学校学习的知识，必须回到家里进行消化、吸收。

其中，最值得肯定的一点是：不论是在学校，还是在家里，孩子学习都需要一个安静无干扰的环境。因此，家校联合开展协同教育，及时引导家长为孩子打造一个良好的课后学习环境是十分必要的。结合小学教学实践经验，教师可从以下几个方面给家长支支招：

1. 保持安静的学习氛围

孩子的注意力与周围的环境关系密切。要让孩子主动、安心地学习，家长应该善于节制自己。自己先要静下心来，才能给孩子创造一个安静的学习空间。

例如，在孩子学习的时间，父母不要开电视机，应该读读书、看看报，做一些不出声、不转移孩子注意力的事；又如，邻居串门、好友来访都是常有的事。但是，父母要注意说话时简单扼要，尽量放低声音，不要话匣子一打开就高谈阔论、没完没了，全然忘了孩子在房内做功课，大人聊天最易影响孩子的注意力。此外，父母最好不要聚朋邀友来家打扑克、打麻将、唱歌等。如果活动很有必要，最好在家庭以外进行，或安排在不影响孩子学习的时间进行。

2. 避免中途打扰

日常生活中，许多孩子自以为已经长大成人，渴望家长给他们足够的理解、信任和尊重，希望独立自主地安排自己的学习。

但是，很多家长总是担心孩子不好好学习，一会儿询问这个，一会儿提醒那个，"今天在学校表现好不好，有没有受老师表扬（或批评）""现在做几道题了？还有几道""你一定要安心学习啊"……

看起来这似乎是关心孩子，殊不知，这样不时地加以干扰，只会让孩子意乱心烦，无法集中注意力学习，甚至产生强烈的逆反心理。这样孩子也就很难体会学习的乐趣。

四、选择适合孩子的学习方式

在学习过程中，不少父母会自己或者让孩子向那些成绩优秀的孩子请教学习方式，然后循规蹈矩、按部就班地照做。但很多时候，结合小学教学实践经验来看，这些所谓的"最好的"学习方式并不一定会给孩子的学习带来最佳的效果。

因此，在开展协同教育的过程中，对于这些不恰当的教育方式，教师应及时向家长予以讲解，因为要想让孩子爱上学习、乐于学习，父母应该细心观察，帮助孩子找到最适合自己的学习方式。当孩子找到适合自己的学习方式并运用它时，学习的过程就像在顺风中行走，变得非常轻松，孩子学习积极性也就会提高。

那么，家长在进行辅导的过程中，应该采用什么样的方法来选择适合孩子学习的方式呢？教师可结合教学经验提出以下几点建议：

首先，家长要充分了解孩子不同的感官偏好。

我们知道，视觉、听觉和动觉是人们获得外界信息的主要通道。学生在获取学习信息时，也是主要依靠这三种通道。但是，不同的孩子有着不同的感官偏好，这三种通道传递的效果也就出现了明显的差异。作为父母，在选择学习方式时，一定要了解孩子的感官偏好。

有的孩子属于听觉偏好，适合听觉通道，他们听课的效果比较好，而阅读的时候则半天不知所云。家长可以建议孩子多听，通过耳朵来学习，还有的孩子属于视觉偏好，他们阅读时效果好，而听写和听讲时候的效果却不好。家长可以建议孩子选择阅读的方式来学习。

其次，家长可以依据孩子的性格来选择恰当的学习方法。通常情况下，孩子的性格不同，对同一种学习方式就会有不同的反应。如甲、乙、丙三个性格迥异的孩子使用一种学习方式时，可能对甲同学来说非常好，对乙同学效果就不一定好，而对丙同学而言甚至可能起相反的作用。所以，作为父母，必须要在尊重孩子性格的基础上，选择适合孩子的学习方式。

例如，活泼好动的孩子，精力比较旺盛，情绪波动比较快，做事往往时冷时热，常常难以安心学习，也很难坚持长时间学习。因此，要给他安排独立的学习时间和学习地点，以免受周围环境的影响而导致三心二意，最好将每次的学习时间控制在 1 小时以内，然后休息 5～10 分钟。

此外，家长需要结合孩子的自身发展作出及时的相关调整。因为，孩子是不断发展、变化的，不同阶段的成长经历让他们的性格、偏好发生或大或小的变化。选择适合孩子的学习方式，应该是根据孩子的发展情况，适时地作相关的调整。

例如，当原有的学习方式不适合孩子现在的能力水平时，家长可以和孩子共同讨论是否存在可以改进的地方，或者陪孩子一起探索，共同寻找更合适的学习方式。

　　同时，无论孩子现在有哪一种学习方式的倾向，都不说明他就只适合这样一种学习方式。从我们教师和家长自身来看，成年后的我们都不可能只用一种学习方式，而是几种方式综合起来开展学习和工作的。

　　因此，父母还应该鼓励孩子多尝试几种学习方法，主动寻找最有效的学习方式。

　　（说明：本书使用的个别图片无法与原作者取得联系，在此表示歉意，敬请原作者及时与我社联系，我社将按照有关标准支付报酬。）